새에게는 길이 없다

김정화 수필집

새에게는 길이 없다

인　　쇄 : 2011년 7월 30일
발　　행 : 2011년 8월 10일

저　　자 : 김 정 화
발 행 인 : 서 정 환
발 행 처 : 수필과비평사

출 판 등 록 : 1984년 8월 17일 제28호
주　　　소 : 서울시 종로구 익선동 30-6
운현신화타워 빌딩 2층 208호
전　　　화 : (02) 3675-5633, (063) 275-4000
팩　　　스 : (063) 274-3131
E - mail : essay321@hanmail.net

값 10,000원

ISBN 978-89-5925-883-3 03810

■ 이 책은 2011년 부산문화재단 지역문화예술육성지원 사업의 일부지원금을 받아 발간되었습니다.

새에게는 길이 없다

김정화 수필집

수필과비평사

■ 책문을 열며

내 삶은 언제나 흔들렸고 지독히 외로웠다.
속울음을 우는 날이 많아지면서
그때마다 새들을 찾아 다녔다.
빈 하늘 밑에 가만히 앉아서
물을 차고 오르는
새들의 군무에 탄성을 지르는 동안
어느 한해의 겨울이 끝나가고 있었다.

그때 쓴 「겨울 소리」라는 글 한 편이
나를 수필이란 글밭에 서성이게 만들었고
수필집 『새에게는 길이 없다』를 펴내게 하였다.
우포늪 철새들이 내 글의 첫 스승인 셈이다.

지금도 나는 아침마다 창 너머로 들려오는
새들의 소리를 듣고 잠을 깬다.

이번 여름은 많이 아팠다.
잠시 삶의 길 위에 멈춰 섰다.
세상은 나를 밀어내며 저만치 앞서 가고 있었다.
책을 묶을 동안 가슴이 시려 왔다.
쓰지 못하는 말과 쓸 수 없는 삶이 훨씬 많은 까닭이다.
그것이 박혀 더욱 아리고 슬프다.

서두르지 않겠다.
흔들리는 길을 천천히 걸으면서
새의 비상에 눈주기를 하며
오래도록 글을 쓰고 싶다.

작가론을 써 준 박양근 교수님께 고개 숙이며
버팀목이 되어 준 남경이에게 사랑의 말을 전하고 싶다.

2011년 여름
'자기만의 방'에서 金貞花

차 례

제2부 _ 펭귄, 하늘을 날다

제3부 _ 새에게는 길이 없다

제4부 _ 바람의 현絃

제5부 _ 떠날 수 없는 배

제1부

눈발에 서는 나무

자기만의 방

단. 칸. 방.

어릴 적 우리 집은 방이 하나밖에 없었다. 들판 한가운데 내려앉은 둥근 초가지붕 하나. 마당과 경계 없이 사방으로 탁 트인 논과 밭. 새들의 울음을 싣고 흐르던 낮고 긴 강. 둥글게 그어졌던 지평선 그림자. 그리고 네 식구가 누우면 군불이 약해도 훈훈하기만 했던 방. 내가 태어나 이십 년 동안 살았던 그곳은 어머니의 자궁처럼 편안했다.

방 안에 켜둔 호롱불은 밤이 깊도록 꺼지지 않았다. 가끔 겨울바람이 문풍지를 흔들면 그을음을 내는 불꽃은 바람에 밀렸지만, 독서나 바느질을 방해하진 않았다. 시골 외딴집까지 전기선이 닿으려면 따로 전봇대를 세워야 한다고 했다. 우리 집에 그런 큰돈이 있을 리 없었다. 매일 호롱에 석유를 붓고 불을 댕기는 일은 내 몫이었다. 어쩌다 마실이라도 갔다 늦은 날이면, 아버지는 무화과나무 울타리에 등불을 하나 더 달아두었다. 멀리 보이는 외딴집은 들판의 섬이었고 그 장명등은 어린 마음이 따라갈 길을 만들어 주었다.

집을 나서면 논두렁과 미나리꽝 길이 탯줄처럼 이어졌다. 한 시간 넘게 걸어야 읍내 초등학교에 다다를 수 있는 그 길은 촌아이 눈 뜨임의 길이었으며, 지금도 한 번씩 찾게 되는 회귀의 통로이다. 나는 그 길을 따라 조금씩 세상 밖으로 나왔다.

그러다 우연히 읍내 친구 집에 놀러 갈 기회가 생겼다. 이 층 하늘색 양옥집에는 당시 드물게 수세식 화장실이 딸려 있었다. 친구 어머니는 꾀죄죄한 시골 아이에게 절편과 꿀이 담긴 간식을 내어왔다. 어린 눈에 비친 친구의 방은 경이로웠다. 작은 옷장과 혼자 쓰는 서랍장이 있었고 나무로 만든 앉은뱅이 책상이 놓여 있었다. 놀라웠다. 아홉 살 아이에게 책상이 있는 자기만의 방이라니.

이후 소원은 내 방을 하나 갖는 것이었다. 게다가 작은 탁자라도 하나 놓으면 세상 부러울 게 없을 것 같았다. 나만의 공간 만들기가 시작되었다. 방 한쪽에 이불을 쌓아올려 몸을 숨겼고, 우산을 구석에 펼쳐두고 그 속에 쭈그려 앉아 책을 읽었다. 어떤 때는 쪽마루 아래 보자기를 발처럼 내려놓고 먼지를 뒤집어쓴 채 잠이 들기도 했다. 나만의 공간은 무시로 지어졌다 헐리기를 반복했다.

훌쩍 이십 년이 흘렀다. 단칸방 생활은 아버지의 죽음 이후에 끝이 났지만 내 방은 없었다. 동네 복판으로 이사를 나와서는 어머니와 한방을 썼고, 어머니 죽음 후에 동생과 함께 지냈으나 여전히 자신만의 공간은 없었다. 결혼 후에도 마찬가지였다.

그동안 나는 국문학 공부를 하였고 막연하게 가졌던 문학의 꿈을 가까이하고자 인근 대학에서 개최하는 문학 강좌를 들으며 습작을 시작했다. 그즈음 우연히 책상도 밥상도 아닌 앉은뱅이 나무 탁자가 하나 생겼다. 젊은 공학도가 과제용으로 만들어 제출하고서 버린 것으로 아무도 그 탁자에 관심을 두지 않았다. 나는 그것을 베란다 한쪽에 놓고 시간이 날 때마다 탁자 앞에 고개를 숙인 채 책을 읽고 일기를 쓰고 글감도 생각했다. 아마 그곳이 처음으로 갖게 된 나만의 작은 자리였지 싶다. 그러나 방에 대한 공간의 꿈은 이뤄지지 않았다.

세월이 흐르면서 한동안 '자기만의 방'을 꿈꾸던 일을 잊어버렸다. 아이와 함께 살아가야 했던 현실의 무게가 너무 무거웠던 탓이다. 종일 학원에서 학생들을 가르쳐야 했고, 늦게 귀가하면서 탁자에 앉아 글 한 줄 쓸 여유는 더더욱 없었다. 마음의 문은 저절로 닫혔고 상처는 안으로 고였다. 곪은 속을 쏟아낼 나만의 방을 갖기란 요원한 일이었다.

나무 탁자를 다시 펼치기까지는 꽤 시간이 지났다. 마음을 추스르고 수필이란 글밭에 발을 디디면서 구석에 세워둔 탁자를 주방 한쪽으로 옮겨왔다. 그곳에서 글을 써 내려갔다. 스스로 다독이며 자신의 껍질을 벗겨 내기로 작정했지만 쉽지 않았다. 부끄러운 삶을 드러내는 글쓰기를 못하는 까닭이다. 글은 잘되지 않았고 나는 다시 '자기만의 방' 찾기에만 마음이 쏠렸다.

그러다 두어 해 전 드디어 내 방이 생겼다. 해풍이 부는 산자락에 소담한 아파트 한 채를 마련했다. 세 개의 방과 거실이 딸린 집인데 창문 가득 푸른 산이 내려앉은 곳이다. 문간방 두 개는 딸에게 내어 주고, 나는 지척에서 나무가 흔들리고 초록 빛살이 번지는 창가 방을 선택했다. 책장을 옮기던 첫날에 책탑을 쌓는 일이 그렇게 신날 수가 없었다. 무엇보다 반가운 일은 그때의 나무 탁자가 제자리를 찾은 일이다. 나는 그 앉은뱅이 탁자를 방 가운데로 모셔왔다.

크거나 화려하지 않지만 방에 탁자를 놓으면서 무한의 공간이 생겼다. 비록 좁은 방이지만 성찰의 자리이고 희망의 공간이며 문학의 산실이 될 것이다. 어쩌면 이곳에서 내가 글을 만드는 게 아니라 글이 나를 만들어 갈 것이라 여긴다.

버지니아 울프는, 여성이 글을 쓰려면 돈과 자기만의 방이 필요하다고 했다.

얼음재

가끔 겨울산을 오른다. 운이 좋으면 서리꽃이 핀 고사목과 설화雪花 그림자를 안은 화석 같은 바위를 마주할 수 있다. 그러한 겨울산에 눈발이라도 내리면 사람도 순백의 고운 나무가 되는 것을.

고운 빛, 고운 색깔이란 말에서 문득 젖은 음성 하나 묻어나온다.

"색깔 고븐 옷 좀 입고 댕기라."

아득한 내 어머니 목소리다.

나이가 들어갈수록 겉모습에 자신을 잃어간다. 그러다 보니 새 옷을 살 때마다 옷 색깔을 많이 고민하게 된다. 채도가 낮거나 무채색을 선호하는 편인데, 이러한 취향은 비단 어제오늘 일이 아니다. 재기발랄한 여고생 때도 중늙은이처럼 회색 스웨터나 검정 바지를 주로 골랐다. 그러면 어머니는 "야야, 그기 그래 맘에 맞나?" 하며 옷값을 선뜻 치르지 못한 채 화사한 색깔 옷에 눈길을 주고 서성였다.

다채로운 색이 세상에 많지만, 어머니의 색은 '고븐 색'과 '안 고븐 색'인 두 종류로만 나뉜다. 옥색과 분홍색, 참외 물이 든 것 같은 치잣빛과 봄꽃처럼 밝은 색은 '고븐 색'이고, 회색과 검정, 흙탕물을 섞은 듯한 갈색과 겨울 부엽토 같은 칙칙한 색깔은 '안 고븐 색'이다. 그러니 내가 입은 어두운 옷은 당최 어머니 눈에 찰 리가 없었다.

라스트 콘서트라는 영화를 종종 생각한다. 마지막 장면이 가슴을 때린다. 불치의 병에 걸린 스텔라는 연인 리처드가 재기의 무대에 서는 날, 자신을 위한 피아노 연주곡 '스텔라에게 바치는 콘체르토'를 들으며 생을 마감한다. 삶의 끝도 언제나 혼자인 법. 그러나 사랑의 눈길을 기억할 수 있다는 것은 얼마나 다행한 일인가.

마음이 무너진다. 저승의 어머니는 내게 얼마나 할 말이 많을까. 당시 '고븐 색'만을 고집한 건, 훗날 딸의 삶도 곱게 채색되길 바라는 마음이 앞섰기 때문일 게다.

바위능선을 따라 비탈진 산길을 걸어본다. 겨울산은 온통 적갈색 마른 잎이 낮게 엎드려 있다. 키 큰 산벚나무가 싸리비 같은 가지만 남긴 채 옹이진 속을 훤히 드러내었다. 저 나무들도 지난 봄에는 녹의홍상 치장을 하고서 행락객의 눈길을 옭매었을 것이다.

사람들은 자연의 겉만 보고 곱다고 생각한다. 봄꽃과 여름의 녹음과 가을 산의 갖가지 색을 자연의 '고븐 색'이라 여긴다. 그러기에 우리는 꽃이 진 자리와 단풍을 떨어뜨려 낸 나무를 눈여겨보려 하지 않는다.

아름다움이란 열정 뒤에 남는다. 한나절 뿜어내던 해의 그림자인 석경夕景에 탄성을 지르고, 화르르 무너져 내린 동백 꽃잎에 눈길 떼지 못한 이유가 여기에 있다. 겨울나무가 굳은 몸으로 서 있어도, 강물을 건너오는 빈산이 꽃빛을 담아내지 못해도 그것은 단지 회색이거나 갈색이라고 부를 수 없다. 심안을 뜨고 본다면 사계절 빛깔이 스며 있다는 걸 알게 되니까.

자연의 진정한 색은 겨울색이라 생각된다. 황량하고 삭막하다고 여기는 겨울의 '안 고븐 색'이야말로 한해의 결산인 셈이다. 유채색 계절에 뒤이은 겨울 빛깔은 나머지 계절을 모두 더한 색이니 이것이야말로 진정한 '고븐 색'이 아닐까.

차가움도 뜨거움 뒤에 따른다. 그러니 열정이 식었다고 냉정히 돌아설 일도 아닌듯 싶다. 때로는 해토머리 무렵, 물기 없는 화초 뿌리에서 숨은 촉을 발견하듯이 비워낸 것들에 대해 되돌아보는 용기도 가져야 한다. 내 마음 둥치에는 얼마나 많은 무심결이 박혀 있을까.

카메라 렌즈를 통하면 세상이 새롭게 보인다. 그동안 조리개를 열고 앞의 대상만 잘 찍으려 카메라를 바싹 들이대었다. 그러다 보니 심도 깊은 사진을 찍은 일이 드물었다. 사는 일도 마찬가지일 게다. 현실의 집착에서 벗어나 지나온 길의 틈새도 포용하려 노력해야 하는 것을.

타는 게 어디 불꽃뿐일까. 나는 이번 겨울 어느 날, 주흘산 얼음계곡을 유심히 살펴본 적이 있다. 밤새 얼었던 계곡물이 한낮의 햇빛에 서서히 녹기 시작할 때, 내 눈에 착시현상이 일었다. 얼음에 불꽃이 일고 뚝뚝 잿물이 떨어지기를 반복하더니 저녁 무렵이 되자 얼음은 더 녹지 않았다. 가장자리에 남은 것은 영락없이 타고 남은 얼음재였다.

파사한 얼음재는 청기 어린 순백의 색을 담고 있었다. 그것은 내가 지금까지 보아왔던 어떤 색보다도 '고븐 색'이었다. 색깔 고운 옷 한 벌 입은 계곡물이 얼음재 아래로 묵묵히 흐르고 있었다.

하얀 얼음재. 나는 자연의 겨울색에서 잊었던 목소리 하나 기억해내었다.

"색깔 고븐 옷 좀 입고 댕기라."

전생에 나는

소리는 길이다. 소리와 소리가 만날 때 길의 고요도 더해지는 법. 때로는 작은 소리가 큰 소리를 잠재우기도 하고 작은 길이 더 큰 길을 앞서기도 한다.

최근 내 혼이 빠져버린 소리는 얼후 연주음이다. 두 쇠줄 사이로 울리는 음색은 단소 가락에 비파 선율을 엮은 것처럼 애잔하고 절절하다. 이 소리를 오래도록 듣고 있노라면 세월을 단걸음으로 치올라가 전생의 한 길모퉁이에 다다른 느낌이다.

아무래도 내 전생의 고향은 중국 어느 변방이었지 싶다. 몽골 유목민 여인이었거나, 티베트 고산지방의 원주민 처녀로 살았거나, 중국 윈난성 나시족의 딸이었는지도 모를 일이다. 운이 좋아 중국 황실에라도 발탁되었다면 지밀나인 자리는 오르지 못하더라도 무수리 직분쯤은 얻지 않았을까 짐작해 본다.

중국과 맺어온 인연은 종종 숙명적이라 여길 때가 있다. 내가 가장 먼저 한반도 지도 밖으로 발을 내디딘 곳은 자유중국이다. 그곳은 이십대의 첫 직장 생활 때 보름간 국비연수교육을 간 곳이라 나에게는 전생에 연을 맺은 회귀回歸와 다름없다. 그 후 북경과 심천, 마카오 등 중국 땅을 몇 번 더 다녀오게 되었는데, 그때마다 초면의 사람들이 구면인 듯 편안하기만 했다. 뿐만 아니라 고질에 가까운 수집병까지 생겨, 엽서며 장식품과 전통의상들을 제법 모으게 되었다. 어쩌다 차이나타운에서 중국 토속품과 마주치기라도 하면, 이유 없이 설레어 낯선 곳이 차라리 낯익다 싶은 향수에 젖게 되는 일도 예사롭지 않다.

혹자는 내 얼굴 생김새를 두고 몽골 여인이나 조선족 같다고 하는데, 주변 사람들의 맞장구 소리마저 과히 기분 나쁘지 않다. 어디 그뿐인가. TV에서 중국 기행 프로그램이라도 나오면 이산가족이 된 심정으로 뚫어지라 쳐다본다. 몇 번이나 재방송을 본 차마고도 절벽길은 안내자 없이도 갈 수 있을 정도로 눈에 익게 되었다. 성룡이 등장하는 추석 특집 영화도 매년 감초가 된다. 다들 쿵후 연기가 지겹다며 고개를 돌릴수록 화면에 코를 박은 채 눈을 떼지 못하는 내 태도가 하 수상하여도 어쩔 수 없다.

중국 음식마저 익숙한 맛으로 다가온다. 거름냄새 배어나는 보이차가 숭늉같이 구수하고, 마파두부는 어느덧 식탁의 터줏대감이 되었으며, 몸살을 할 때면 뜨뜻한 짬뽕 국물부터 찾는 일도 일상이 되었다. 이렇듯 혓바늘에까지 중국 향내가 묻어 있다는 것이 전생의 국적을 의심하는 연유이다.

하지만, 중국 땅에 마음줄을 풀어놓는 가장 큰 까닭은 음악 때문이다. '야래향'이나 '월량대표아적심' 같은 노래에 귀 기울이면, 실크로드에 깔린 석양이 눈에 내려앉고 이청조의 성성만과 이백의 월하독작 읊는 소리까지 귀에 고여 든다. 중국 음색이 야릇한 코맹맹이 소리라는 사람들의 주장과 달리 나에게는 그지없이 평온하게 들리기만 한다. 산안개가 창가에 고즈넉이 내려앉거나 빗소리가 마음을 옴팡지게 때리는 날, 명주실처럼 윤기가 흐르는 음향에 젖어들게 되면 엉킨 생각의 실마리도 저절로 풀리게 된다.

최근 중국을 그리는 이유가 하나 더 생겼다. 얼후 연주음에 푹 빠진 것이다. 지난해 겨울, 뉴욕중국예술단 방한 공연을 보았다. 중국 신화를 주제로 안무와 마임을 무대에 올려놓았는데 힘 있는 중국 정통 군무에 관객은 내내 경탄을 터트렸다. 그날, 마지막 공연 순서에서 난생처음으로 얼후를 만났다. 두 줄 악기라는 뜻인 얼후二胡의 이름이 낯설지 않던 까닭도 첫 글자인 '얼'이 '혼'이라는 우리말과 비슷해서였다.

넓은 무대 중앙에 붉은 치파오를 입은 연주자가 홀로 앉았다. 나는 그녀의 아리따운 모습보다도 품에 안긴 갈색 얼후에 먼저 눈길이 갔다. 국자 모양을 한 조그만 통에 기둥을 세운 품새가, 꽃대를 박차고 치솟은 연꽃의 기품 있는 자태 같기도 하고 장대 끝에 나무새를 단 신성한 솟대를 연상케도 했다. 얼후와 닮은 해

금이 조용한 조선 노인의 이미지라면, 얼후의 몸체는 활기찬 몽골 처녀의 기운이 스민 듯 야무졌다.

얼후와 연주자는 나란히 객석을 향했다. 무대 가운데에 한 획이 세로로 그어졌다. 연주자는 마치 정인을 뒤에서 안아 다독이기라도 하는 듯 부드럽게 악기를 어루만졌다. 현의 울림이 긴 파장을 일으켰다. 작은 소리통에서 새어나는 신비한 음색은 갈색빛으로 객석을 휘돌며 연주장을 에워쌌다. 여린 손가락이 얼후의 현을 건드릴 때면 애절한 소리는 우주로 흩어졌다가 다시 별빛으로 쏟아져 내린다.

소리가 때로는 영성을 만드는 법. 얼후이니 내 몸은 그 선율에 더욱 민감해진다. 일순간, 눈앞에 광활한 푸른빛 초원이 펼쳐진다. 야생마가 무리지어 달리고 순록을 탄 유목민 처녀들이 은빛 양떼를 몰고 지나간다. 저 멀리 수평으로 부는 바람을 맞으며 의연하게 서 있는 붉은 나무 한 그루. 청초한 치파오 처녀가 얼후에 온몸을 싣는다. 마침내 살아있는 나무가 된 얼후는 오히려 그 처녀를 감싸 안는다.

소리는 세월의 강을 따라 흘러간다. 닿지 못한 강섶과 마주치고 아쉬운 여울목을 지나고, 큰물 지던 강 상류도 맞닥뜨린다. 음의 물살을 따라가다 보니 대만의 야시장 거리를 기웃거리고 북경 이화원 호수에 눈살을 던지며 홍콩을 지나 심천 가는 뱃길에 오르기도 한다. 기억의 강은 깊고 넓어서 나는 공연이 끝나고 나서도 오래도록 자리를 뜨지 못했다.

얼후 가락은 이후 무시로 내 몸속을 헤집고 들어왔다. 묵향과 어우러지거나, 차향과 함께 머무는 소리에 마음이 녹다 보니 꿈속에서나마 곡의 흐름 정도는 흉내 낼 수 있게 된 듯하다. 누가 아는가. 혹여 후생에 진시황제를 만나면 이런 내 정성을 갸륵히 여겨 무수리에서 음악을 담당하는 주변궁奏變宮으로 승진이라도 시켜줄는지.

내게 얼후는 현現과 몽夢 사이를 넘나들게 하는 소릿길이다.

눈발에 서는 나무

하늘이 낮게 내려앉았다. 창문 밖에는 낯선 은세계의 성지가 펼쳐져 있다. 순백색 융단이 지붕 위를 다붓이 덮었고, 목화송이 같은 눈꽃은 겨울나무에 매달렸다. 침엽수 위에 옷자락을 드리우고 신선처럼 길게 누운 모습이 여느 때보다 초연하다. 아침 햇살 대신 눈이 기별도 없이 찾아온 것이다. 예상하지 못한 그의 방문에 흠칫 가슴이 싸아해진다.

창으로 한 걸음 더 다가서서 가만히 눈 겨루기를 해 본다. 넝쿨진 등나무 사이로 햇솜같이 나부끼는 신비스런 눈발에 잠시 눈멀미가 인다. 순결한 성자의 가부좌를 틀고 앉은 나무가 더욱 가까이 다가오라 속삭인다. 떨어지는 눈발이 켜켜이 나붓대도 나무는 잔가지 하나 흔들림 없이 눈발을 맞이한다. 동動과 정靜의 엄숙한 만남에 마음이 찡해진다.

문득 십여 년 전에 지켜본 바라춤이 떠오른다. 그해 겨울, 고향 친구가 속세를 등졌다. 불가에 귀의하는 삭발식은 이른 아침부터 시작되었다. 겨울 햇살이 법당 안으로 밀려들 무렵, 서걱거리는 가위 소리에 한 움큼의 머리카락이 그녀의 어깨 위로 툭 흘러내렸다. 공기조차 흔들리지 않을 적요에 떨어지는 속세의 마지막 끈이랄까. 파르라니 깎인 두피의 한기가 내 몸 안으로 밀려온다.

촛불이 흔들리며 바라 소리가 들려왔다. 범패梵唄의 홋소리는 점점 커지다가 이내 장중한 울림으로 이어졌다. 덩실덩실 허공에서 금빛 바라가 번뜩이고 맞부딪치면서 참석한 사람들의 가슴을 울렸다. 내 눈에서 왈칵 눈물이 떨어졌다. 가슴이 무너져 내렸을 부모는 당연히 그 자리에 참석할 수 없었지만, 친구는 부모님이 계시는 고향을 향해 세속에서 드리는 마지막 삼배를 올렸다. 그날 산사에는 마른 눈이 겨울 나뭇가지 사이로 흩날렸다.

하늘을 올려다본다. 바람이 일자 파슬하게 굳은 땅 위에서 눈갈기가 피어올랐다. 조심스레 손을 내밀지만 눈가루는 손바닥을 마다하고 옆으로 비켜 작은 소나무에 송화처럼 매달린다. 미욱한 인간이 내미는 과욕을 자연은 희한하게 알아차린다. 백설마저 사람의 몸을 피하려는 것은 어쩌면 당연한 일이다. 순수하고 정직한 눈雪에게 욕심부린 눈眼을 들킨 것 같아서 얼굴이 붉어진다.

바다로 잇댄 길목으로 접어든다. 이곳 부산에서는 눈 내리는 날이 드물어 이참에 눈 오는 바다를 볼 수 있을까 하는 마음이 부풀어 괜히 걸음이 급해진다. 호젓한 오솔길인지라 숫눈길에 깊고 또렷한 발자국이 찍힌다. 삭삭이는 해안에 내리는 눈발은 바라춤이었다. 두루마리 눈이 마치 흰 장삼을 입고 바라춤을 추듯 산머리를 휘휘 감는다. 격정적으로 비탈을 구르며 휘몰아치는 광설狂雪은 상쇠놀음이고, 송백 위에 너울지는 가루눈의 정교한 몸짓은 엷은 가사를 입은 상좌승의 나비춤이다. 갯바위를 향해 죽죽 빗금을 긋는 눈발은 용솟음치는 파도와 어우러져 사방으로 천화天花를 피워냈다. 잊을 뻔한 파도의 율동을 떠올리는 순간, 내 귀에는 바닷바람이 아니라 바라 소리가 들려왔다. 그 바라 소리는 내 가슴의 아픔이기도 했다.

낯선 강화도에서 보낸 그해 겨울은 유난히 추웠다. 한꺼번에 많은 것을 잃어버린 나는 한 달이 넘도록 그곳에서 마음을 추스르고 있었다. 날마다 마니산 중턱에 자리한 고욤나무 늦잎 아래 주저앉아 빈산만 허허롭게 바라보았다. 텅 빈 겨울 산은 가난한 마음에게 더욱 한갓졌다.

그러던 어느 날, 손님이 찾아왔다. 소리 없이 내린 눈이었다. 나는 눈대답할 기운도 없었지만 진종일 등마루를 덮어가는 눈발도 피할 수 없었다. 옭맨 눈을 시리게 하던 눈발은 나무 등걸에 매달리고 굽은 산능선을 덧칠했다. 산길의 돌부리를 덮어주고 자갈길을 메워 평평하게 해주었다. 며칠 동안 눈은 덮고, 가리고, 보듬는 포용력을 보여주었지만 내 몸은 점점 지쳐갔다.

마침내 신열을 앓았다. 며칠 후, 가까스로 자리에서 일어나 작은 미닫이문을 열었다. 새벽이 어둠을 밀어내고 있을 때였다. 좁은 마당은 하얗게 눈부셨으며 앙상한 나무와 마른 풀들은 조용했다. 낮은 장독 위에는 눈더미가 다북하게 쌓여 있고 높다 싶은 장독대에도 적지 않게 덮여있었다. 눈이 내려앉아 편안한지, 이유를 알 수 없이 마음의 틈으로 봄볕 희망이 스며들었다.

눈 내리던 날, 그 친구는 세상의 인연을 버리고 구도자의 길을 갔다. 그러나 눈이 내리던 날, 나는 세상의 인연을 버리지 못했다. 마지막 눈을 감던 어머니 얼굴이 떠올라 친구처럼 할 수가 없었다. 다음날 눈길을 마다하고 강화도를 떠났다.

해송 사이로 다시 바람이 분다. 물안개가 덮인 하늘을 올려다보며 백설과 함께 머무를 수 있는 시간을 짐작해본다. 백설은 가을 낙엽을 덮어주고 겨울 나무와 허허로운 벌판을 감싸준다. 하늘과 맞닿고 바다와 손을 잡는다. 햇살에 녹을 줄도 알고 달빛에 반짝거릴 줄도 안다. 무엇보다도 사람의 아픈 마음을 헤아리기도 한다. 까슬한 한삼 자락 같은 눈발이 얼굴과 몸을 휘감고 돈다. 옷깃에 눈발이 붙으면서 파르르 떨리는 전율이 실핏줄을 타고 흐른다. 지금처럼 눈밭 가슴에 안길 수 있다면 얼마나 좋을까. 눈 내리는 하루 같은 마음을 가지면 삶이 조금이나마 간간해지지 않을까. 그러면 백의를 입은 송백에서 생명이 툭툭 터지는 소리가 들리게 될 것이다.

내년에도 후년에도 눈은 내린다. 그럴 때마다 나는 두 팔 높이 펼친 실한 나무가 되어 그를 맞이하고 싶다.

다시 창문을 긁는 눈 소리가 청아하게 들려온다.

달인

달인이라는 말이 유행어가 되고 있다. 한 가지 경지에 다다른 사람을 뜻하는 이 말은 오늘날 가장 명예로운 별명이자 대중이 수여하는 훈장과 같다. 수많은 장애물을 헤쳐 온 전문인에게 주어지는 이 호칭은 사람에게 최고의 지위를 꿈꾸게 만든다.

요즈음 한 개그맨의 달인 연기가 큰 웃음을 주고 있다. 외줄을 타고, 매운 음식을 먹으며, 수중 연기와 하이힐 묘기도 하는 등 엉뚱한 연기로 시청자들을 폭소케 하는 그는, 표정연기의 달인이기도 하다. 그 프로그램을 볼 때마다 민간요법의 귀재였던 아버지가 떠오른다. 선친은 민간요법에 남다른 재주를 지녔다. 코피를 흘리면 쑥을 찧어 막아주었고, 귀앓이를 할 때면 아주까리 기름을 귓속에 발라 주었다. 두통에는 고약한 마늘즙이 효과가 있다며 코에 밀어 넣었고, 편도가 부으면 말린 뱀 가루를 보릿대에 묻혀 후후 불어 주었다.

한번은 내가 볼거리를 앓은 적이 있었다. 볼거리에는 산토끼 오줌이 즉발이라고 무릎을 쳤다. 그날, 아버지는 올무를 들고 앞산을 온종일 뒤지다시피하여 내 머리통보다 큰 회색빛 멧토끼 한 마리를 생포해 왔다. 아버지의 손아귀에 쥐인 토끼는 얼마나 놀랐는지 눈을 땡깔처럼 치켜뜨고는 환약 같은 검은 똥과 함께 노란 오줌을 밥사발 가득 눴다. 이물질이 들어가면 효험이 없다며 토끼 똥이 담긴 오줌 사발을 건네는 아버지 얼굴이 그때만큼 진지하면서 우악스럽게 보인 적이 없었다. 죽기 아니면 까무러치기로 마셨지만, 밤사이 내 볼은 마신 토끼오줌만큼이나 더 부풀어 올랐다.

병원 길은 멀고도 멀었다. 아버지는 선뜻 양의에 굴복하지 않으려는 기색이 역력했다. 두 번째 처방전은 돼지피로 이어졌다. 아버지는 내 손을 잡고 푸른 싹이 돋은 보리밭을 가로질러 단걸음에 참나무골 도살장으로 향했다. 준비해 간 문종이에 돼지 피를 흠뻑 묻혀 부은 내 볼따구니에 붙여주고는 매우 흡족해하였다.

그날 밤 나는 밤새도록 방바닥을 뒹굴었다. 볼퉁이를 움켜쥔 채 아홉 살 아이가 지를 수 있는 고함은 다 질러댔지 싶다. 그러다가 새벽녘에는 까무룩 죽은 듯 처져버렸다. 놀란 아버지는 급기야 나를 시골 병원에 입원시키게 되었고, 커다란 수술 자국을 남기면서 볼거리 사건의 대단원은 막을 내릴 수 있었다.

남동생의 충격적인 일화 역시 두고두고 회자된다. 남동생이 열 살 무렵 정수리에 동전만 한 부스럼이 났다. 당시 걸핏하면 부스럼이 아이들에게 생겼는데 그때는 유독 진물이 심했다. 아니나 다를까, 아버지는 동생을 한데아궁이 앞에 앉혀두고 신문지를 둘둘 말아 불씨를 옮겨왔다. 신문지 재가 훨훨 불꽃을 밀어내며 하늘로 올라갔고, 마지막 불꽃은 기이하게도 뜨거운 기름 서너 방울을 떨어뜨려 주었다. 그 기름이 동생 꼭뒤에 정확히 떨어졌다.

그때였다. 엉거주춤 앉아 있던 동생은 단말마 외마디 소리와 함께 벌떡 자리를 박차고 일어났다. 그러고는 우우우 짐승 같은 광기의 울음소리를 연거푸 지르며 칠십여 호 동네 외통길을 미친 듯이 두어 바퀴 돈 후에야 마당 구석에 삭은 볏단처럼 폭삭 널브러졌다. 여하튼 그 덕분인지는 모르나 부스럼은 깨끗이 나았다. 후유증도 만만치 않아 기름이 떨어진 자리에는 머리카락이 나지 않고 오랫동안 햇빛에 반들거렸다.

그러니 경중을 가릴 것 없이 환자가 되면, 아버지 입에서 떨어질 해괴한 처방전이 무엇일까 매번 노심초사할 수밖에 없었다. 몸에 이상이라도 생기면 슬슬 피하기 바빴다. 동생은 이가 흔들려도 시치미를 뚝 떼었기에 덧니투성이가 되었고, 나는 떨어진 시력을 숨긴 탓에 심한 근시가 되어버렸다. “어디 아프냐?”라는 아버지의 달큰한 목소리를 들을 때면 가슴이 철렁 내려앉기 일쑤였다.

아버지는 자연식품 처방전에도 관심이 많았다. 고안해낸 방도 중에서 청개구리는 아버지가 특별히 애용한 민간약이었다. 십 년째 중풍으로 고생하던 당신은 아침마다 이슬 내린 무화과나무 위의 청개구리 한 마리를 잡아서 날 것으로 삼켰다. 하지만 우리는 아버지의 유별난 처방전을 신뢰하지 못했기 때문에 청개구리 효험도 믿지 않았다. 요즘도 아침 산책길에서 조그만 청개구리를 보면 선뜻 발길을 옮길 수가 없다. 반갑기도 하고 애잔한 느낌이 들기도 하다. 아버지가 지금까지 살아계신다면 이제는 청개구리 포획작전에 슬며시 끼어들어 훼방꾼 노릇을 했을는지도 모를 일이다.

오늘날은 달인이 존경받는 세상이다. 달인은 열정과 노력과 끈기로 이루어진다. 잔꾀도 부리지 않으며 학력과 신분도 초월한다. 그것은 예술적 끼에 가깝기도 하다. 그러면서 타고난 팔방미인과는 달리 우직함을 지니므로 우리는 달인에게 고개를 숙이는 것이다. 어쩌면 아버지의 민간요법은 최고 달인은 아닐지라도 하수 달인 축에는 끼지 않을까. 그것이 딸의 마음이니 남이 뭐라 해도 어쩔 수 없다.

아버지가 계시지 않은지 삼십여 년이 되었다. 나는 세상의 수많은 달인 이야기를 떠올리면서 아버지가 지닌 진정한 달인의 모습은 무엇일까 곰곰이 생각해 본다. 작은 일에도 혼비백산하여 도망치던 우리와 달리 어떤 일에도 놀라거나 동하지 않던 초연한 모습이 아니었을까. 보릿짚 북데기에서 뱀을 잡아 올릴 때의 의

연함, 산토끼와 기싸움에서 물러나지 않는 묵묵함, 큰물 지던 날 물에 잠긴 방에 더 높은 상을 펴놓고 홀로 집을 지키던 강인함. 꿈쩍 않던 그 부동의 자세가 최고 달인의 경지라고 여겨진다.

"요놈, 요놈." 하며 청개구리를 쫓던 아버지 손등에 돋친 힘줄이 눈에 선하다. 아버지는 당신의 민간요법을 요리조리 피하는 못난 자식을 의식하여 더 열심히 청개구리 뒤를 쫓았던 것은 아닐까.

아흔도 젊다

세월을 잊은 모습이다. 뇌종양 수술 이후 한쪽 눈의 시력을 잃은 노화공이지만 남은 눈빛만은 여전히 당당하고 꼿꼿하다. 일곱 살에 잡은 붓을 망백의 나이까지 놓아본 적 없는 화가. 한 세기의 역사를 몸에 담은 그분은 오늘도 화실에 앉아 붓을 고르고 있다.

크고 작은 액자가 벽면을 가득 채우고 있다. 화공의 눈과 가슴을 거쳐 길어 올려진 생명력이 넘치는 분신들이다. 명태 한 마리가 입에 낚싯줄을 꿴 채 바다로부터 들려 있다. 돌아갈 수 없는 아득한 바다. 고향을 잃은 설움이 캔버스 위에 물감으로 돋아 올랐다. 검은 산 가운데 빛을 머금고 선 고목을 들여다보면 그분이 고목이 되고 고목이 그분이 된다. 이러한 그림 앞에 서면 누구든 일출을 맞는 한 그루 나무가 되고 싶어질 게다. 산과 바다와 우주까지도 화가의 방에 조용히 들어와 앉았다.

캔버스의 강렬한 붉은색이 돋보인다. 색채 상징주의 말을 빌리자면 청색은 헌신과 결백을, 보라는 향수와 기억을, 녹색은 풍요와 동정심을 나타낸다고 했다. 하지만, 그분은 청색과 보라와 녹색으로 생명의 활기를 불어넣기에 부족함을 느꼈을 게다. 캔버스 가득 적색의 열정을 쏟아 부어 생의 환희를 노래하려 했지 않을까. 감히 감상조차 하기 어려운 붓 자국을 오래도록 눈에 담고 또 담아 본다.

언젠가 그분의 그림을 가까이에서 본 적이 있다. 지인이 선물 받았다는 그때 그림은 마치 동양화의 장생도를 보는 것 같았다. 어머니의 자궁 모습을 한 산등선 아래로 봄꽃과 물오른 나무가 평온했고 빛을 머금은 태양이 들판을 물들이고 있었다. 하늘을 가르는 흰 새의 날갯짓과 봄 길을 걷는 여인들의 흰옷 행렬이 묘한 대비를 이루고 있었다.

그분의 그림에는 유난히 '무제'가 많다. 감상하는 이의 생각을 헤집지 않으려는 작가의 배려이지 싶다. 화가는 의도하는 대로 그리고, 작품을 만나는 이는 제각각 느낌으로 해석하게 된다. 그분의 작품을 마주하여 마음을 적시는 것만으로도 행운인 것을. 처음으로 방문한 화가의 방에서 미완성 작품까지 낱낱이 눈에 넣고 싶은 과욕의 마음을 들킨 것 같아서 여간 민망한 일이 아니다.

불쑥 그림 하나를 내민다. 귀한 만남을 허락하여 준 것만으로도 고마운 일인데, 예상치 못했던 그림까지 선물로 받았다. 몇 해 전, 일본 스케치 여행을 할 때 그린 화산 그림이라고 한다. 그런데 바탕지가 화선지나 캔버스가 아니다. 두꺼운 종이에 붉은 색지로 단단히 덮인 모양새가 종이봉투의 밑동이거나 포장 상자의 한쪽 모서리를 자른 것이지 싶다. 빈곤한 시절에 겪은 궁색한 버릇이 몸에 밴 까닭일 게다. 배고픈 설움을 거쳐 온 탓에 작은 물건 하나도 허투루 여기지 않는다. 상품광고지, 냅킨, 포장상자까지 그분 앞에서는 마침맞은 화지가 된다. 젊었을 때 이중섭과도 친분을 쌓았다고 하는 데 돈이 없는 이중섭 또한 길거리에 떨어진 종이와 담뱃갑, 담배를 싼 은박지 등에 그림을 그렸지 않는가. 적당한 크기로 오린 폐지에 그림 그리기를 좋아하는 그분의 소박한 마음이 가슴에 새겨지는 순간이다.

붉은 바탕 위에 검정과 연노란색으로 어둠과 빛을 묘사했다. 빨강이 불덩어리일 테고 검정이 암흑이라면 노랑은 자유롭게 하늘로 승화하는 모습이 아닐까. 적과 흑의 강한 대비가 눈을 옭맨다. 새 생명이 부여된 그림에서 활화산 불길이 치솟아 보는 이의 가슴 속으로 빛이 옮겨 붙는 듯하다. 그림의 뒷모습을 펼친다. '빛은 하나'라는 제목 아래 쓰인 숫자 '92'가 또렷하다. 내 나이 곱절인 숫자가 그분의 인생이다. 그분의 필적에서조차 삶이 묻어나는 것을.

그분의 곁에는 항상 빛이 머문다. 대부분 그림 속에도 해가 들어 있다. 빛이 있어야 생물이 존재하고 성장하고 또 태어나게 되므로 빛은 생명의 근원이라고 하겠다. 어둠이 빛을 이겨낸 적은 없지 않은가. 산이 불변하고 장생할 수 있는 거라면 그 이면에 반드시 빛이 있어야만 가능한 일이다. 노화백이 그림 인생의 마지막 극점을 가기 위해 빛의 길을 따르는 것은 아닐까.

그분의 그림에는 동서양이 꿈틀댄다. 전국 방방곡곡을 다니며 풍경화를 그린 것은 물론 유럽과 동남아시아 등을 돌며 이국 풍경을 화폭에 옮겼다. 놀라운 사실은 일흔 나이에 남미 스케치 여행을 했을 정도라니 그림에 대한 열정을 가히 짐작하고도 남는다. 화실을 한 바퀴 돌고 나니 마치 꿈길을 걸어 긴 여행을 마친 듯 현실이 새롭다.

작별인사에 화필을 놓고 두 손을 꼭 잡아 배웅한다. 예술가는 자신의 영혼을 깎아 남에게 바친다고 했던가. 거칠어진 손에서 온기가 흐른다.

"나 이제 구십이 넘었어. 가는 길이 멀고 멀거든……."

음성조차 듣는 이를 쭈뼛하게 한다. 그분의 이름을 떠올린다. '냇가 논 반 마지기에 어룽거리는 그림자'라는 뜻을 가진 노화백의 이름은 하. 반. 영.

검은 바탕에 배산일홍排山一紅의 빛이 찍힌다.

그분의 아흔은 아직도 젊다.

그립게 다가서는

글을 쓰는 것은 무엇일까. 아마 사람의 가슴을 흔드는 일일 것이다. 울림으로써 영혼과 소통하는 일은 아닐까. 흐르는 물이 모난 돌을 깎아내듯 혼으로 써 내려간 글줄기는 석상 같은 마음마저 흔들 수 있지 않은가. 그런 글을 쓰는 사람이라면 "삽을 들어서 가슴을 파라."라고 외쳤던 어느 문인의 촌설에서 숨이 막힐 것이다.

수필이라는 글밭에 들어서고부터 이분법으로 선을 긋는 버릇이 생겼다. 세상의 모든 것들을 '글이 되는 것'과 '글이 되지 않는 것'으로 어쭙잖은 분류를 하게 된 것이다. 대부분 후자 쪽이 많은데 그런 걸 보면 나의 분별력과 감식력은 아직 신통치 않아 알곡을 놓치는 경우가 허다해진다.

어쩌다 간택된 글감은 씨봉지를 매달아 두는 농부처럼 빼곡히 수첩에 적어 둔다. 간혹 숨은 촉을 먼저 틔우는 씨앗이라도 있으면 그날부터 정분의 샛길이 생긴다. 나비의 날개가 부딪치듯 교감된 문장이 첫 뿌리를 내리면 수필과의 연분은 더욱 깊어진다. 여백으로 눈길을 전하며 행간에 고이는 언어의 숨소리에 바싹 귀를 기울이게 된다. 다음 단락으로 건너는 길이 가로막혀 쩔쩔매기도 한다. 그때는 잠과 끼니를 잊은 채 언어의 이랑을 헤집는데, 빈사 상태가 되어야만 슬며시 글잎이 돋아나는 소리를 들을 수 있다.

하지만, 새순들은 예민하여 눈길을 멀리하거나 지친 속내를 보이면 성장을 멈추기 마련이다. 그럴 때면 정靜으로 다가앉는다. 생각하고 생각하고 거듭 생각하라는 '思之思之又重思之'라는 말을 떠올려 본다. 글문 옆에서 꿈쩍하지 않고 몇 시간 째 마음을 가라앉히면 고여 있던 글줄기가 빗장을 열고 흘러나온다. 생각의 기운은 천 년 전으로 거슬러 오르기도 하고 만 리 밖까지도 이어져 놓쳤던 글의 끈을 다시 건져 올릴 수 있다.

어떤 때는 동動으로 끌어당긴다. 천천히 걸으며 풀리지 않는 글감에 대해서 혼자 끊임없이 질문하고 답한다. 쟁명한 날보다는 새벽빛 무진 속이나 폭풍우가 쏟아지는 검은 밤이면 더 좋다. 암벽 해변의 안개를 껴안거나 장대비에 온몸을 맡기다 보면 어느새 글의 물줄기가 내 몸에서 차오르는 것을 느낄 수 있다.

글의 강에 젖게 될 즈음이면 백지의 글밭으로 달려가지 않고는 배기지 못한다. 그러나 감정에 흔들린 글물은 혼탁하여 쉽게 비워내지 못한 채 끙끙대기 마련이다. 흙탕물이 가라앉기를 기다렸다가 며칠간 천천히 글줄을 쏟아 붓고 나면 비로소 글가지에서 물기를 떨치며 일어서는 잎들을 만나게 된다.

그때쯤 어렴풋이 나무 한 그루가 보인다. 그러나 가지치기가 되지 않아 모양새가 봉두난발이다. 잔가지를 고르고 무딘 글잎을 다듬기 시작한다. 열댓 번의 서투른 가위질을 하여도 기대와 달리 초라한 첫 모양새로 되돌아갈 때도 있고, 욕심을 부려 곁가지를 달기라도 하면 우스개 사족 꼴이 되기 일쑤이다. 잔가지를 툭 잘라 잘근잘근 글맛을 씹어 봐도 단물은커녕 소태 같은 쓴맛에 나의 무능을 탓하며 결별을 생각한 적도 한두 번이 아니다.

글밭을 가꾸다 보면 뜻하지 않은 곤란을 겪기도 한다. 지난여름의 일이다. 경주 서출지의 연밭을 다녀와서 춤추는 연꽃의 잎자락과 줄기를 묘사하다가 뿌리 부분에서 글줄이 턱 막히게 되었다. 다시 경주까지 가는 것은 무리여서 가까운 주남저수지 옆의 광활한 연밭을 찾았다. 사람들의 발길이 뜸한 틈을 기다렸다가 조심스레 한 포기의 연줄을 들어 올려 조근조근 뿌리를 살피기 시작했다. 그런데 이웃주민의 신고로 도굴 현장을 주인에게 그만 들키고 말았으니 지금 생각해도 무안하기만 한 오후였다. 그래도 글 한 편을 건져 올린 수확이 더 큰 포만감으로 다가온다.

수필과 맞잡은 손을 쉽게 놓을 수 없다. 울타리 밖에서 어설픈 농군을 안쓰럽게 보고 있을 독자들에게 괜찮은 농사 솜씨 한번쯤은 보여줘야 할 것이 아닌가. 정성으로 글잎을 어루만지고 숨결을 듣는다면 언젠가 튼실한 심목心木 한 그루 키워낼 수 있지 싶다. 사람의 가슴을 흔드는 연애 같은 글 한 줄이나마 남기고 싶다면 지나친 욕심일까.

블루 시티

골목이 엉킨다. 판잣집들이 따닥따닥 엎드려있는 경사진 좁은 길을 오른다. 10번 마을버스가 지나가는 산자락, 영화 '마더'가 촬영된 장소, 무덤 80여 기가 함께 자리한 달동네. 푸른 물탱크와 푸른 슬레이트 지붕들이 육지의 바다를 이루었다. 세월이 멈춘 도심 속의 돌산마을이다.

속칭 '문현동 안동네'로 알려진 이곳은 문현동에서 전포동으로 연결되는 진남로 좌측 갈마산의 고지대에 있다. 그런데 두어 해 전, 이 마을에 기적 같은 변화가 일어났다. 칙칙한 담벼락에 사철 그림꽃이 피어났다. 금가고 낡은 시멘트벽은 캔버스가 되었고 이름도 모르던 골목동네는 지붕 없는 미술관으로 알려지기 시작했다. 벽화거리마을로 탈바꿈한 것이다.

벽화가를 자청한 봉사자들이 담벼락 그림 50여 점을 탄생시켰다. 그들이 쏟아 부은 젊은 열정이 낡은 마을에 새 기운을 불어넣었다. '문현동'이란 마을 이름은 '문 너머'라는 뜻을 갖고 있다고 한다. 예로부터 부산의 사립문 역할을 하던 동네인 만큼 '문 너머에 있는 희망'을 주제로 벽화를 만들었다고 생각된다.

벽화들은 저마다 이름을 가지고 있다. 자동차와 열기구, 바닷속의 풍경, 자전거와 고양이, 민들레 꽃씨를 날리는 소녀……. 돌벽 위에서 고래가 헤엄치고 갈매기가 날고 부엉이가 밤을 밝힌다. 해맑게 뛰노는 아이들도 그림 속으로 들어갔다. 마을 입구에 그려진 바구니 속 한아름 장미꽃은 주민들의 소박한 꿈을 담아낸 것일 게다. 아이들과 천사들이 달 위에서 잠자는 그림은 이곳 아이들의 먼 이상을 표현한 것이 아닐까. 벽화 한 점 한 점 속에 그들의 희망과 순박한 돌산마을의 이야기가 숨어 있다.

이러한 벽화는 빈한한 마을 사람들에게 위로가 되어준다. 첫 벽화 작업을 할 때 쓸데없는 짓이라며 신통찮은 반응을 보이던 주민들도 골목 분위기가 점점 화사해지자 스스로 거들기 시작했다. 아이들이 직접 벽화 디자인을 하기도 하고 몇몇 주민은 서툰 붓질로 두어 점 꽃그림을 그려내었다. 마을 옹벽에 꽃문신들이 새겨지자 골목길을 돌던 동네 아이들의 발길은 꽃잎마냥 가벼워졌다.

하지만 유독 눈길이 닿는 곳이 있다. 마을 곳곳에 흩어져 있는 무덤들이다. 원래 이곳은 공동묘지였는데 무덤 사이에 집들이 하나 둘 들어서게 되었다. 삼 사십여 년 전, 월세를 내지 않아도 되는 이곳에 빈민 노동자들이 보금자리를 틀었다. 불량주택 철거민들이 판잣집을 짓기 시작한 것이다. 그래서 봉분 앞에 부엌문이 갖추어지고, 무덤을 에워싼 마당이 마련되고, 묘지 사이로 동네 평상이 놓이고, 무덤 주위에 텃밭이 만들어졌다.

아침에 일어서면 정수리가 천장에 닿을 듯한 낮은 집들과 담장보다 낮은 무덤들도 그들에게는 더없이 든든한 공간이다. 이곳이 아니면 어디에 삶과 죽음이 같은 자리에 존재할까.

무덤 옆에 둘러앉아 담소하는 노인들의 표정마저 편안하기 이를 데 없다. 밤이면 무섭지 않으냐는 질문에 돌아오는 대답이 낯설다.

"무덤이 뭐시 무섭노. 저곳이 가장 안전한 장소 아이가."

담뱃대를 입에 문 노인 한 분이 측은한 듯 나를 올려다본다. 그러고 보니 싱그런 잔디를 덮고 있는 무덤만큼 편안한 곳도 없겠다 싶다. 벽화 그림에 무덤이 없는 이유도 이 때문이 아닐까. 이제는 담장 벽화가 그려진 마을 앞에 돌산공원도 생겼다. 집, 공원, 무덤, 벽화가 그들의 삶을 이어주는 끈이라고 여겨진다.

마을을 휘도는 바람을 따라 발길을 옮겨본다. 사시절 풍경이 달라지듯이 이곳에 부는 바람의 눈짓도 계절마다 다르다. 벚나무 붉은 잎을 타고 흐르던 가을바람이 겨울 마른 땅에 고였다가 봄이면 퇴창 앞 화분의 마늘순을 흔들고, 여름이 오면 뜨거운 기운으로 묘비석 위에 내려앉을 게다. 바람이 멈춘 비닐 가리개 쪽창에서 노인들의 웃음소리가 흘러나온다. 바람은 다시 집을 돌고 무덤을 돌고 돌벽을 돌아 벽화거리마을을 빠져나온다.

어둠살이 골목동네를 물들인다. 손으로 만든 그림자 새가 진짜 새로 바뀌어 하늘을 오르는 벽화 앞에 서 본다. 내일 아침에는 파랑새되어 다시 날아오기를……. 판잣집 푸른 지붕 너머로 고층 아파트 불빛이 빽빽하다.

애일당의 가인佳人

글에서 눈물 냄새가 난다. 장지 밖 빗소리가 들리는 날이면 젖은 얼굴이 그림처럼 다가온다. 단옷날 창포물에 이슬 받아 머리 감고 땋은 머리를 말아 올려 동백기름 바르던 여인. 여름이면 장독대 옆에 핀 봉숭아로 손톱물을 들이고 모시 치마를 고수하던 여인. 그 모습은 변하지 않는 마지막 조선 여인의 화폭이 되어 가슴을 아리게 한다.

시조시인 정운丁芸 이영도가 십여 년간 머무르던 '애일당愛日堂'을 찾기로 했다. 문학의 산실이 되어준 집에서 시인의 시혼을 느끼고 싶었다. 이미 반세기 전의 일이니 금정산 기슭에 있던 그 집을 기억하는 사람은 많지 않겠지만, 동네 터주 노인이라도 만나면 찾을 수 있겠다고 생각했다. 이영도 평전 두어 권을 읽고

집의 위치와 주변의 특성을 꼼꼼히 메모했다.

그녀를 찾아 홀로 길을 나선 첫날은 장마가 시작된 7월 중순이었다. 부산시 금정구 장전동 국민주택 7호가 애일당의 옛 주소이다. 수소문하여 세 시간 동안 주위를 돌았지만 터주 어른들은 애일당과 국민주택 자리를 알지 못했고 이영도라는 이름자에는 더더욱 고개를 갸우뚱거렸다. 통장집도 찾고 관공서도 들러보았으나 헛수고였다. 힘이 빠졌다. 누군가의 도움이 필요했다.

며칠 뒤, 당시 이영도에게 따뜻한 정을 받았다고 알려진 한 어른께 동행을 부탁했더니 흔쾌히 승낙해 주었다. 애일당은 그 시절에 유행하던 슬레이트 기와를 얹은 아담한 남향 한옥이었다. 뜰 한쪽에는 금붕어가 노니는 작은 연못이 있었으며 매화, 라일락, 감나무, 벽오동 등 백여 종의 꽃과 정원수가 철 따라 시상을 펼친 곳이다. 지금은 비록 없어졌지만 몇 년 전까지 빈터에는 나무 그루터기 하나가 남아있었다고 했다.

지난번 갔던 자리에서 시인의 옛집까지는 그리 멀지 않았으나 늪지대였던 마을 터를 찾기까지는 제법 시간이 걸렸다. 몇 차례 골목길을 서성이다가 푸른 슬레이트 기와지붕 한 채를 발견했다. 딱 한 채 남은 예전의 국민주택인듯하여 반갑기 그지없었다. 하지만 그 집 앞에 있어야 할 애일당은 흔적 없이 사라졌고, 나뭇등걸은커녕 빈 땅마저도 밟을 수 없게 되었다. 빌라 이름을 단 새 건물이 우뚝 솟아 옛 정취를 묻어버렸다고나 할까. 나를 안내하던 어른은 오래도록 그 자리를 말없이 쳐다보았다.

'애일당'은 원래 조선 중종 때 농암 이현보 선생이 안동에 유배되어 〈어부사〉를 읊으면서 유유자적하던 별당의 이름이다. 농암은 구순 노부의 늙어감이 아쉬워 하루하루를 아낀다는 뜻으로 애일당이란 당호를 지었다고 한다. 이영도가 애일당이라 지은 이유는 청도에 있는 어머니가 그리워서였을까. 이영도에게 '해日'는 무엇일는지. 그녀의 삶일 수도 있고 문학일 수도 있으며, 마음의 임을 가리키는 말일 수도 있겠다. 이곳에서 이영도는 마음이 사무치거나 고독이 버거울 때 그 감정을 원고지에 토로했을 테다.

이영도와 청마 유치환과의 사랑은 지금도 아픔의 연시로 전해진다. 서른여덟의 유부남이던 청마는 스물아홉의 청상 정운을 만나 걷잡을 수 없는 사랑에 빠졌다. 마음의 빗장을 굳게 걸고 틈을 주지 않는 정운에게 하루가 멀다 하고 편지를 썼다. 그러기를 3년. "부인이 있는 남자를……."이라는 말로 죄의식을 안은 채 청마를 대해야 했던 정운은 날마다 배달되는 편지와 시편들에 마음을 서서히 열어 답신하게 된다.

"너와 나의 애틋한 연분도 한 망울 연련한 진홍빛 양귀비꽃인지도 모른다."라고 노래한 청마에게 정운은 "오면 민망하고 아니 오면 서글프고, 정작 마주 앉으면 말은 도루 없어지고"라며 화답한다. 정인을 떠나보내기 싫은 섧은 표정이 눈앞에 선연하다. 여인의 고독한 애정이 사랑을 하는 모든 이에게 감염되는 것은 아닌지.

이러한 두 사람의 교감은 불의의 교통사고로 종점을 맞게 된다. 청마가 이십 년의 세월동안 '지애至愛한 정운, 최애最愛한 당신'이라는 서두로 쓴 오천여 통의 편지는 이영도가 고스란히 보관했지만, 이영도가 보낸 편지는 청마의 소각으로 지금까지 한 통도 전해지지 않고 있다. 정운은 이 연서들은 추려 서한집을 출간하였다. 그 성결한 편지들을 읽으면 애절한 사랑의 기운이 가슴에 저절로 젖어든다.

정운의 안방에는 청마가 써준 시를 직접 수놓은 열두 폭 병풍이 둘러 있었다고 한다. 청마의 유해가 병원에 안치되었을 때 병풍의 글씨도 이영도의 치마를 눈물로 흥건히 적셔놓지 않았을까. 결국, 정운은 청마가 없는 애일당을 떠나 상경하게 된다. 아마도 애일당과의 이별은 청마 사후 가장 고통스러운 결별일 것이다. 이제 설화의 땅이 되어버린 애일당. 이영도가 끝내 떠나야 했던 회한의 자리. 표지석 하나 없이 무심한 세월 속에 묻힌 것이 못내 섭섭하여 발길이 쉬이 떨어지지 않는다.

정운의 생시가 가슴을 파고든다. '너는 저만치 가고 나는 여기 섰는데/ 손 한번 흔들지 못한 채 돌아선 하늘과/ 舍利로 맺혀 푸른 돌로 굳어라' 〈탑塔〉이라는 시의 전문이다. 청마의 죽음으로 육신의 간극은 멀어졌지만 시정詩情은 정晶으로 결結하여 두 영혼을 다독거리게 되는 건 아닐까.

금정산 마루에서 흘러내린 안개가 애일당 옛터를 휘돌아 감싸안는다.

길닦이

앙다문 입매가 찔레꽃 열매처럼 야무지다. 곱게 빗어 넘긴 쪽머리의 금색 큰비녀가 그믐달 여린 빛 아래서 번득인다. 흰색 저고리에 덧입혀진 색동 쾌자가 위엄 있고, 홍치마 아래 살짝 보이는 하얀 버선발이 초승달처럼 시리도록 곱다. 손에 든 쥘부채의 세 송이 모란이 계절을 건너뛴 채 찬바람에도 붉은 꽃잎으로 넘실댄다.

굿판이 시작된다. 불꽃을 머금은 흰 종이 한 장이 밤하늘에 잠시 꽃씨를 뿌렸다가 잿빛 꽃가루로 굿청에 떨어진다. 부정을 씻어 내고 복을 불러들이는 장면이 눈길을 잡아맨다. 무녀가 제관을 굿상 앞에 엎드리게 하고 젓대로 등을 때려 혈을 내린다. 통증을 함께 느끼는 듯 미간을 좁히는 사람들은 저마다 고통의 응어리를 품고 살아왔기 때문일까.

굿당은 소리의 우물이다. 두레박줄을 풀어내듯 입타령으로 술술 푸는 무가사설의 구성진 여음에 굴곡미가 흐른다. 북, 피리, 해금 등 삼현육각이 한바탕 어울림 소리를 내니 무녀의 공수가 애절한 넋노래로 바뀐다. 숨을 죽이고 지켜보던 구경꾼들의 감탄과 한숨이 구석에서 터져 나온다. 부드러우면서도 끈끈하고 섬세하면서 처절한 시나위가 수로왕릉 주위를 감싸 안는다. 징과 장구가 땅과 하늘을 울릴 즈음 굿청은 작은 우주가 된다. 풍어를 기원하는 남해안별신굿판이 옛 가락국 굿마당으로 옮겨왔다.

부채를 편 손이 허공에 빗금을 긋는다. 선왕굿 장단에 발디딤새를 옮기며 천천히 맴돌이를 하는 무녀의 버선발을 따라 사람들의 시선이 움직인다. 나도 모르게 무녀의 몸놀이에 빠져든다. 가슴에서 서서히 바람개비가 도는 듯하더니 회오리바람으로 요동치며 마음을 헤집는다. 이유도 모른 채 가슴은 소나기를 머금은 먹구름이 되어 한바탕 울음이라도 쏟아내고픈 심정이다.

어릴 때 이웃 담장 아래 숨어서 마을굿을 지켜본 일이 떠오른다. 진한 화장에 붉은 모자를 쓰고 방울을 흔들던 중년의 무당 얼굴은 무섭고도 위엄 있었지만 때로는 처연하도록 가슴이 오므라들었다. 한창 굿의 신명이 올랐을 때 무당은 구경하던 젊은 여인에게 신복을 입히고 춤을 추게 하였다. 머뭇거리던 여인은 느린 평걸음으로 북장단에 발을 맞추더니 점점 빠른 몸짓으로 휘돌아지다가 이윽고 바닥에 주저앉아 일장통곡을 하였다. 이제 와서 생각해도 그 서러운 울음의 속사정을 짐작하기란 쉽지 않은 일이다.

일렁이는 바람에 촛불이 무녀복을 스치며 달빛 소리를 낸다. 무엇이 그녀를 무녀의 길로 가게 하였을까. 마주친 눈빛이 섬뜩하다. 흐르는 피를 바꿀 수 없는 세습무의 혈통을 이어받았거나 무병에 걸려 어쩔 수 없이 신을 가까이 한 운명을 차라리 감싸 안으려 했는지도 모른다. 삶의 가장 낮은 자리에서 인간의 편이 되고자 신에게 고개 숙이는 비손의 몸짓이 애달프다.

무녀의 눈동자에 강물이 일렁인다. 촛불이 어둠을 밀어내는 신방에서 신과의 사랑을 시작한다. 정성껏 차린 상 앞에서 지아비인 신을 위해 예를 갖춰 술을 따른다. 밤새워 만든 꽃으로 신방을 꾸미고 함께 노래하며 춤을 춘다. 지상에서 이룰 수 없는 슬픔을 한 맺힌 곡조로 대신한다. 넋대를 잡은 무녀의 손이 떨리더니 몸에 신이 내려앉는다. 북채를 든 악사의 손놀림이 빨라지고 신열 들린 치맛자락이 굿청의 파열음을 따라 빙그르르 돈다. 은밀한 소곤거림이 공수되어 에돌아가기에 아무리 귀 기울여도 알 수 없다. 쥘부채로 가려진 사랑의 입맞춤이 구경꾼들의 눈길을 능숙하게 따돌린다. 한바탕의 춤사위가 끝나자 고요한 달빛만 비친다. 영적 세계는 하나가 되었지만 신은 매정하게 떠나고 말았다.

큰머리를 얹고 검은 띠를 두른 무녀의 모습이 낯익다. 민화에 자주 등장하는 오구대왕의 일곱 번째 딸인 바리데기 공주와 흡사하다. 그녀는 부왕에게 버림을 받았지만 훗날 아귀병에 걸린 아버지를 죽음에서 구한 후에 무속신이 되어 천상으로 돌아갔다고 한다. 바리공주의 이야기는 무녀에 의해 구송되고 무녀는 다시 바리공주로 환생하는가 싶다. 그들의 삶은 흔들리는 촛불 같지만 다른 이의 삶을 위해서 자신을 태우는 숙명을 스스로 감내한다.

길닦이가 펼쳐진다. 길닦이는 굿의 끝판으로 망자의 넋을 위로하여 저승으로 인도하고 살아있는 자의 흐린 영혼을 씻어주는 의식이다. 무녀는 넋을 넣은 놋주발을 저승길인 양 길게 이은 무명천 질베 위에 천천히 문지른다. 산자의 노래가 소릿길을 타고 흰 천은 혼의 길이 되어 한 많은 세월을 따라 흐른다. 신의 결정을 인간에게 전해주는 무녀의 역할은 몰아의 경지에 빠져야 제대로 이루어진다는데 그녀는 죽음의 상태까지 가서 정령과 만난 것이 틀림없다.

대상과 만나는 순간이 신들림이다. 진정으로 원하는 것은 그렇게 만나야 하는 법. 글도 마찬가지라 하겠다. 무녀가 대를 잡는 마음으로 열정의 끈을 부여잡고 삶과 죽음의 경계선에 이른다면 문학의 신과 만날까. 글무덤 속에 들어가 온몸이 삭아 내리면 무녀의 넋집 같은 글을 보듬어 올릴 수 있을까. 마음고름을 푸는 길닦이로 한 줄이나마 쓸 수 있으면 좋겠다.

느린 손짓이 그저 안타깝기만 하다.

제2부

펭귄, 하늘을 날다

실패의 힘 / 술집 무대 / 펭귄, 하늘을 날다
아버지의 김밥 / 비飛 / 동동 / 거룩한
검은 돌 / 미스킴라일락

실패의 힘

나는 오랫동안 사교육 현장에서 아이들을 가르쳐 왔다. 현대문학을 읽기도 하고, 대입 논술 문제를 풀기도 하며, 때로는 에세이를 가르치기도 한다. 그 중 가장 즐거운 건 역시 에세이 쓰기다. 그러나 이 일이 부모의 요구에 따른 수업이라 교사 마음대로 교안을 바꾸지 못한다. 학부모의 심기와 기호에 따라 수입이 달라지는 게 현실이니까.

그런데 요즘 신나는 일이 생겼다. 대입 입학사정관제도에 자기소개서 쓰기가 필수 항목이다 보니, 그 바쁜 고등학생들께서 틈틈이 에세이 쓰기를 원하는 것이다. 내가 내준 글감에 고개를 갸웃거리고 눈을 찡그려가며 글을 써 내려가는 모습을 보노라면, 얼마나 대견한지 모른다.

그중, 한 여고생은 나와 수업시간에 쓴 글을 전국 글쓰기 대회에 응모하여 장관상을 받아 대박을 터트려주기도 했다. 덕분에 그 학생이 다니는 학원에 홍보용 대형 플래카드가 걸렸고, 지방신문에는 여학생의 야무진 얼굴이 크게 실렸다. 국어과목이 담당인 담임 선생님은 동료 교사와 교장 선생님의 치하를 받았고, 학생 어머니는 상금으로 교무실에 떡과 과일을 돌렸으며, 학교는 잠시 잔치 분위기가 되었다. 올해 그 학생은 십여 군데 대입수시원서를 냈고, 자기추천서에 당당히 장관상 수상이라는 승리의 단어를 적을 수 있었다.

하지만 우리는 언제나 이길 수만 없다. 이 여학생은 대단히 운이 좋은 경우이고, 대부분 학생은 몇 번의 문학상 응모에 실패하면 좌절하고 만다. 예민한 시기에 입은 상처일수록 아픔은 더 진하다.

얼마 전의 일이다. 자정이 가까워진 시간에 전화벨이 울렸다. "선생님……." 하고 울먹이는 목소리는 분명히 보라였다. 보라는 나와 3년 가까이 수업을 했던 여학생인데, 2년 전쯤 그만두었다. 그때는 보라의 두 살 터울 오빠도 몇 년간 수업을 받고 있었다. 보라 수업을 그만둘 때 어머니는 내게 단단히 화가 나 있었다. 보라 오빠가 논술 시험이 있는 수시모집과 정시모집에 모조리 낙방했기 때문이다. 보라 또한, 이곳저곳 문학상과 백일장에 응모했지만 단 한 번도 입상하지 못했다. 당시 나는 수업료만 챙긴 무능한 선생이었기에 삭탈관직당한 죄인처럼 얼굴을 펴지 못했다.

보라의 전화 내용은 대충 이러했다. 올해 수시모집 대입원서에 자기소개서를 적으려 며칠 동안 고민해도, 자신은 상 받은 것도 없고, 자격증도 하나 없으며, 임원 선거에서도 모조리 떨어졌기에 도저히 쓸 내용이 없노라 했다. 나도 덩달아 암담했다. 이럴 때 무슨 말을 해 주어야 하나, 성현들의 명언을 재바르게 머릿속으로 훑어나갔다.

불가능할지라도 꿈은 꾸어야 한다고 할까, 고생 뒤에 성공이 있다는 말로 다독여 줘야 하나, 창조적 자유가 실패 속에 있다는 아리송한 말로 얼버무릴까. 가련하고 희망 잃은 보라가 진정 듣고 싶어 하는 말은 무엇일까. 잘 알 수 없었다. 나는 보라에게 그동안 시험에 떨어진 일과 노력했던 경험을 다 적으라고 했다. 세상에는 합격한 사람보다 불합격한 사람이 훨씬 많다는 것을 강조하며, "괜찮아, 지금부터 다시 시작이야."라는 말도 잊지 않았다.

다음 날, 보라가 보내온 자기소개서 파일을 열어본 나는 그만 울음을 터트리고 말았다. '저는 한자 3급 시험에 떨어지는 고배를 맛보았습니다. …… 2학년 여름 방학부터 일본어능력 2급 시험을 쳤으나 노력이 부족한 탓인지 계속 낙방하였습니다. …… 일본어 스피치 대회에 스스로 번역한 글로 무대에 섰지만, 심사위원의 눈에 들지 못했습니다. …… 청소년 외국어 경시대회에 참가했으나 합격자 명단에서 저의 이름을 찾을 수 없었습니다. …… 제 실력이 뛰어나지 않아 교내 백일장에서조차 상을 받지 못했습니다. …… 그러나 이러한 실패가 오히려 다시 일어설 수 있는 열정의 기회를 만들어 주었다고 생각합니다.'

가슴이 아팠다. 앞으로 보라가 헤쳐 나가야할 난관은 얼마나 더 많고 더 험할까. 그리고 내가 넘어서야 할 고비는 얼마나 더 남았을까. 나는 아직 운전면허증을 제외한 국가자격증 한 장 갖추지 못했고, 어설프게 말려든 두 번의 재판에서도 이겨본 적 없으며, 석사논문 제출 계획서도 통과하지 못했다. 이십 대 때 첫 직장에서 받은 일 년치 월급도 몽땅 떼였으며, 등기 설정을 하지 않아 13년간 운영하던 학원도 고스란히 날렸다. 급한 성격 때문에 낸 접촉사고로 남의 차 수리비도 제법 들었다. 누명도 써 보았고 모함도 있었으며, 최근에는 아픔도 당해 보았다.

이렇듯 절망과 패배에도 나는 또다시 꿈을 꾼다. 아침마다 일어 학원에 다니고, 주말이면 기타를 치고, 연말이면 신년 계획을 세운다. 몇 년 간 실패했던 다이어트도 포기 않고, 몽골 여행의 꿈도 버리지 않으며, 매번 중도에서 깨는 적금도 이번만은 만기 인출하려고 허리를 묶는다. 실패가 많다는 것은 시도가 많았다는 증거라며 스스로 위로한다.

실패를 거듭하여도 인생에 멋진 일이 더 많다고 하면 보라가 이해할 수 있을까.

그 후, 두 달이 지났다. 보라가 다시 울먹이며 내게 전화를 했다. 좋은 대학은 아니지만, 원하던 일어일문학과 수시모집에 합격하였다는 소식을 전하면서 선생님 덕분이라고 했다. 나는 보라에게 실패한 일을 모두 적어보라고 한 말이 기억났다. 결국, "실패는 다시 시작이다."라는 말을 보라에게서 확인한 셈이다.

술집 무대

"물 밑에 선 봉선화야, 네 모양이 처량하다. 길고 긴 날 여름철에 아름답게 꽃 필 적에……."

시장 안 막걸릿집에서 때아닌 공연이 벌어졌다. 싱싱한 호래기 한 접시에 흥취가 인 취객이 술꾼들에게 양해를 구하고 한 곡조 부르기 시작한 것이다. 주객들은 마시던 술잔을 놓고 취담을 멈춘 채 자세를 고르며 숨을 죽였다. 장소와 어울리지 않는 가곡 제창이 단숨에 객석을 휘어잡는다.

표정이 진지하다. 짙은 눈썹에 약간의 곱슬머리, 훤칠한 키에 트렌치코트를 걸친 모습이 '로마의 휴일'에서 열연했던 그레고리 펙을 연상케 한다. 두 눈을 반쯤 감고 손을 모은 꼿꼿한 자세로 또박또박 노랫말을 내뱉고 있다. 하지만, 이내 관객의 침묵은 깨어졌다. 기대와는 달리 수준에 못 미친 그의 노래 솜씨가 고음에서 덜컥 잠겨버렸기 때문이다. 여기저기서 참았던 웃음이 툭툭 터지고 다시 술잔 부딪치는 소리가 요란하다. 그러나 주인공은 관중의 반응은 아랑곳하지 않은 채 온몸을 다하여 열창을 이어간다. 그 우스꽝스런 몸짓에 손님들은 체면을 뒷전으로 미루고 술판을 두드리며 박장대소를 했다.

음치의 노래를 듣는 재미는 쏠쏠한 법이다. 그가 3절까지 하겠다고 일방적으로 선포를 내릴 때에는 미상불 환호성이 대단하다. 노래가 멈춰지지 않을 것이라는 걸 눈치 챈 술꾼들은 아예 그의 팬이 되기를 자청이라도 하는 듯 양철 테이블에 손가락 장단까지 치며 분위기를 맞춘다. 이러한 두드림을 화답이라 여겼는지 용기백배하여 양해도 선포도 없이 즉석 자작시 낭송으로 이어댄다.

주막의 열기는 점점 더해졌다. 안이 훤히 보이는 주방 입구에서 주모는 생선 손질에 도마를 두드리기 바빴고 서로 알지 못하는 세 팀의 손님이 같은 공간에서 제각각 여흥을 즐기느라 분주하다. 방에 있던 한 쌍의 연인은 흥미로운 무료공연에 연방 휴대전화 카메라를 눌러대고, 혼자 술잔을 기울이던 노신사는 어느새 그의 앞으로 자리까지 옮겨 자라목을 하고 있다. 우리 일행도 소문으로만 듣던 동료의 기이한 주사酒邪가 연장될 수 있도록 추임새까지 넣으며 관객의 예를 다했다.

술이 술을 부른다. 그리고 그 술은 다시 용기를 부르게 된다. 평소에는 삼 일도 안 된 새신랑처럼 소심하던 그가 술만 들이켜면 무대를 잡는 주력이 생기니 그의 변신이 참으로 대단하다. 대중 앞에 호탕하지 못한 자들은 술의 힘을 빌리면 애주가나 호음가豪

飮家가 다다를 수 없는 기氣의 경지까지 가게 되는 것을.

점입가경인 풍경에 술 마시는 일도 잊었다. 해설까지 곁든 시 낭송에 이어 앙코르 답례곡까지 경청하느라 다들 술잔을 놓은 지 오래다. 문밖에서는 지나가던 행인 두어 팀이 난장판이 된 실내 광경을 지켜보느라 잠시 멈췄다가 다른 주점으로 발길을 옮기고, 단골손님 한 분은 문을 빼끔 열었다가 나중에 온다며 뒷걸음질을 친다. 아마 배우와 관객이 하나가 된 술집 무대에 감히 범접하지 못할 기운을 감지했지 싶다.

꽤 시간이 지나도 술병이 비지 않자 주모의 설거지 소리가 우당탕 요란하다. 그러더니 드디어 분통 터진 소리를 냅다 지른다.

"지난번에도 기타 퉁기는 패거리들이 와서 떠드는 바람에 그날 장사 다 망치고, 내가 냅다 쫓아냈지."

하지만, 주모의 호통도 기개관중한 연기자의 끼와 의기투합한 관중의 힘을 꺾기에는 역부족인지 이내 조용해졌다.

막걸리 두어 잔을 마셔본다. 속에서 뜨듯한 취기가 오르니 장식 없는 벽에 일필휘지로 그려진 주당들의 낙서가 이제야 눈에 들어온다.

'취생몽사'

술에 취하여 자는 동안 꿈속에서 살고 죽는다는 말인데 그가 대취하여 저렇게 열창하는 것도 꿈속에서까지 살고 죽게 만드는 무엇인가가 있기 때문일 게다. 삶과 꿈과 죽음의 경계선마저 허물 수 있는 취중열정을 가진 사람만큼 행복한 이가 또 있을까.

'취생몽사주'를 핑계 삼아 낙서 한 줄 휘갈겨 본다.

'유주유락 무주무락'

주모의 눈을 피해 쓴 갈필이 얼룩진 벽을 타고 흐른다. 서늘한 밤기운에 사흘 모자란 보름달빛이 어쭙잖은 주객의 손을 잡는다. 노랫소리가 저절로 배어 나온다.

"어언 간에 여름 가고 가을바람 솔솔 불어, 아름다운 꽃송이를 모질게도 침노하니, 낙화로다 늙어졌다 네 모양이 처량하다."

펭귄, 하늘을 날다

그곳에 가면 느긋해진다. 걸음도 시선도 마음자락까지. 끝없는 사막길을 달리다 보면 강이 나오고 바다가 나오고 늪이 나오다가 다시 사막이 나온다. 길가에 늘어선 유칼립투스 나무 위에는 코알라가 졸고 있고, 바쁠 것 없는 야생견 딩고마저 순한 눈빛으로 이방인을 맞아준다.

그 붉은 사막을 지나면 자매였던 두 아내와 남편 나링거가 죽어서 별이 되었다는 슬픈 전설을 지닌 적도의 섬 캥거루 아일랜드가 있다. 그 섬에서 우연히 펭귄 비치를 본 적이 있다. 바닷물이 찰랑거리는 모래 언덕바지에 두꺼비집 같은 굴이 다닥다닥 붙어 있었다. 바위 곁에 둥지를 튼 펭귄 타운은 흡사 영화에서 본 아프가니스탄 동굴 집을 연상시켰다. 그곳 야생 펭귄들은 키가 두세

뼘밖에 되지 않은 페어리 펭귄으로 흔히 리틀 펭귄이라 불린다. 그들은 해 뜨기 전 집을 나가 바다에서 지내다가 밤이 되면 뭍으로 올라와 휴식을 취한다.

그날은 펭귄의 귀가를 기다리기로 했다. 사람의 방문에 펭귄은 어떤 반응을 보일까. 난생처음 대면한 펭귄 퍼레이드는 어릴 적 시골 산속에서 보았던 송충이들의 소풍행렬만큼이나 경이로웠다. 뒤뚱뒤뚱 천천히 육상 하는 펭귄들. 줄지어 선 펭귄의 무리에도 대장이 있다. 스무여 마리를 이끌고 맨 앞에서 호위하는 펭귄 대장의 걸음걸이는 의젓하다 못해 위엄으로 가득 찼다. 오케스트라의 지휘자처럼 격조 있는 몸짓이다.

하지만, 숨죽이며 엿보는 시간도 얼마 지나지 못했다. 펭귄 대장의 예리한 직감 그물망을 피해가지 못한 것이다. 그는 발길을 멈춘 채 눈을 홉뜨고 구경꾼을 쏘아보았다. 나는 호기심 반 평온무사한 얼굴 반을 하며 싱긋 웃어주었다. 짧은 시간이었지만 영리한 친구는 상대가 대단한 적이 아니라는 것을 알아차렸는지 경계를 풀고 다시 무리를 이끈다. 꽁지가 더욱 빳빳해 졌다.

그들은 각자의 집으로 들어가 몸을 숨긴다. 그런데 희한한 일은 대장 펭귄이 동료 펭귄 한 마리와 어깨를 맞대며 자신의 집으로 함께 들어가는 것이 아닌가. 그곳 관리인에게 의아한 표정을 지으니 돌아오는 답변이 흥미롭다.

“Its lover.”

펭귄은 한번 만난 파트너와 평생을 함께한다고 한다. 그 의리의 행동에 고개가 끄덕여진다. 이기적이고 변덕스러운 인간의 마음이 무색해지는 순간이다. 적도 해변의 밤은 깊어만 가고, 그날 펭귄의 숨소리는 고요했다.

문득, 몇 년 전 영국 BBC 방송의 만우절 기사가 생각났다. '펭귄 날다'라는 제목의 동영상이 국내방송에까지 크게 실렸다. 펭귄들이 남극의 겨울을 이겨내고자, 군집하지 않고 수천 마일을 비행하여 남아메리카 열대 우림에서 선탠을 하고 온다는 영상이었다. 펭귄들은 마치 금강하구에서 보았던 가창오리 떼의 군무같이 장엄하게 하늘을 뒤덮었다. 펭귄이 날다니. 나는 만우절 기사에 속은 것보다도 그 기발한 착상에 감탄하였다. 물론 펭귄의 조상이 바닷새였으니 무리한 상상도 아닐 것이다. 하기야 '거북이 달린다'라는 영화도 상영되지 않았는가.

환경 변화로 동물들이 생존을 위협받고 있는 이때, 그들도 살아남기 위한 본능으로 환경에 맞게 변화할 게다. 영국의 나방이 공장 매연으로 서식지가 어두운 색을 띠게 되자 흑색 변이종이 생기게 됐다는 것은 오래전의 일이다. 얼마 전에는 히말라야 습지에서 비행 개구리가 발견되었다고 한다. 붉은발청개구리라 불리는 밝은 녹색 개구리는 길고 널따란 붉은색 물갈퀴를 지니고 있어 높은 곳에서 떨어질 때면 물갈퀴를 펼쳐 마치 날아가듯 움직인다고 했다. 머지않아 '개구리 날다'라는 말에도 익숙해질는지 모를 일이다.

최근 화젯거리가 된 아시아 말벌 이야기도 재미있다. 아시아

말벌이 유럽으로 건너가 유럽 꿀벌 생태계를 파괴하여 공포의 대상이 되었다고 한다. 아시아 말벌은 떼를 지어 유럽 토종 꿀벌의 집 앞에서 기다리다가 꿀벌이 나타나면 잔혹하게 공격하기에, 유럽 꿀벌들이 혼비백산하여 벌벌 떨고 있다는 소식이다. 말벌들은 수년 전 중국산 화분과 함께 프랑스에 상륙한 것으로 알려졌다.

나는 이 우스꽝스러운 기사가 오리엔탈리즘에 대한 봉기蜂起쯤으로 믿고 싶어 아시아 말벌의 영토 확장을 응원해 본다. 지구상에 꿀벌이 사라지면 인류는 4년 이상 살 수 없을 것이라는 이야기를 들은 적이 있다. 만일 그렇다면 유럽인들은 어떻게 될까. 아시아말벌의 서식지 이동이 벌과 인류의 미래에 어떤 변화를 가져올지 궁금하다.

진화의 기적을 기다린다. 개체수가 줄어든 펭귄들이 자신의 종족을 보존하려 지금쯤 날갯짓 연습을 시작했는지도 모를 일이다. 남극의 빙하가 더 녹기 전에, 해수면이 펭귄 비치를 뒤덮기 전에, 바다표범과 범고래의 맹습을 피하려 어깻죽지를 번쩍 들어 올리지 않을까.

지난날 적도의 섬에서 보았던 펭귄의 뒤뚱거림이 가깝게 느껴진다. 꽁지가 들썩이니 날개가 부풀어 오른다. 다시 바닷새로 되돌아가고자 기억을 더듬는다. 검은 날개가 바람을 꿰차고 비상하는 그날을 기다린다.

날아라, 펭귄.

아버지의 김밥

딸아이의 도시락 준비를 위해 동네에서 꽤 큰 마트로 갔다. 요즈음에는 스물네 시간 동안 파는 김밥집도 있는 터라 직장일로 피곤했던 내가 그곳을 권유했지만 무심한 딸은 무가내로 엄마의 손맛을 원했다.

마트는 자정에 가까운 시간인데도 사람들로 붐비었다. 봄 소풍과 소운동회가 빈번한 시기여서 김밥 재료를 파는 곳은 더욱 분주하다. 알맞게 조린 우엉, 색깔 고운 단무지, 기계로 뽑은 듯 반듯하게 썰어놓은 소시지에도 눈길이 꽂혔다.

아스라이 사십 년 전으로 거슬러 올라간다. 봄볕이 따스했던 초등학교 1학년 때의 일이다. 나는 전깃불도 없는 궁벽한 시골 마을에서 십 리 고샅길을 걸어 읍내 학교에 다녀야만 했다. 갑작스런 아버지의 병환에 어머니는 새벽이면 재첩 장사를 나가셨다. 그렇듯 애옥한 살림살이였기에 우리 가족은 어연번듯한 나들이 한번 다녀오지 못하였다. 그런데 첫 소풍이라니 설레는 마음은 이루 표현할 수 없었다.

어머니는 소풍 전날 나의 손을 잡고 시골장을 보셨다. 오일장은 신기함으로 감실거렸다. 난전의 뻥튀기 소리에 화들짝 놀라기도 하고, 구제품전에 진열해 놓은 분홍 운동화 곁에도 기웃거렸다. 우시장을 지날 때는 팔려가는 송아지의 목덜미를 쓰다듬으며 아쉬운 얼굴을 하던 시골 농부의 그렁그렁한 눈빛도 보았다.

건어물전에서 어머니가 마른 김을 이리저리 햇빛에 비추어 보는 동안 나는 치자 빛 단무지 향이 마냥 신기하여 냄새를 맡아보느라 연방 코를 씰룩거렸다.

"맛있는 김밥을 싸 주마."

어린 소녀는 한번도 먹어보지 못한 '김밥'이란 생경한 낱말에 꼴깍 마른 침을 삼켰다. 그리고는 긴 낮과 지루한 밤을 견뎌내는 달콤한 고통도 겪었다.

다음 날 새벽, 어머니는 준비한 김밥 속 재료를 살강 위에 가지런히 얹어 놓으면서 잠든 아버지를 깨워 김밥 싸는 마무리 일을 부탁해 놓았다. 그리고 여느 때나 마찬가지로 희붓한 안개가 깔린 들길을 휘돌아 장사를 나가셨다. 그 시절 시골 아이 소풍 가방 속에는 삶은 달걀 몇 개와 사이다나 환타가 작은 거품을 뿜어내고 있었으며 누런빛의 찐쌀 한 줌, 쑥 버무림까지도 소중한 간식거리가 되었다.

소풍의 목적지인 김해 신어산 중턱은 노란 원추리로 가득했다. 드디어 점심때가 되었다. 봄빛을 맞으며 도시락을 펼치는 아이들의 볼도 봄꽃마냥 발그레 상기되어 있었다. 한입 크기로 썰어놓은 동그란 김밥이 원추리 향기와 어울려 더욱 고소한 냄새를 풍겼다. 모양낸 친구들의 김밥이 하도 예뻐서 내 도시락 뚜껑을 열기가 왠지 불안했다.

잠시 머뭇거리다가 살며시 도시락 뚜껑을 열어 보았다. 그런데 그만 '아!' 하고 나도 모르게 짧은 탄성이 나오고 말았다. 아버지께서 싸 주신 김밥의 모양이 참으로 신기했다. 썰지도 않은 채 둘둘 말린 까맣고 기다란 세 줄의 김밥이었다. 도시락에 담긴 세 줄은 시커먼 토관 같기도 하고 언젠가 먹어본 적이 있던 두툼한 순대 같기도 했다.

부엌일을 모르는 아버지께서는 속 재료를 끝내 찾아내지 못하고서 커다란 김 위에 밥을 넓게 펴고는 조선간장 한 숟가락 쭉 뿌린 후, 양은 도시락 통에 담으셨던 것이다. 그 당시는 흔히, 아궁이 속 불씨가 남은 재 위에 마른 김을 살짝 구워 고슬하게 지은 밥과 조선간장을 얹어 먹었으니 아버지의 김밥도 크게 이상할 것이 없다. 하지만 그렇게 생각한 것은 내가 어른이 되고 나서이다.

친구들의 까르륵 웃음소리에 양 볼은 홧홧하게 타올랐다. 어찌할 바를 모르던 시골 아이에게 이를 눈치 챈 담임선생님은 먹던 도시락을 살짝 건네주었다. 오후 내내 김밥 때문에 안타까워할 어머니의 얼굴이 아른거렸다.

집으로 돌아오는 길에 동네 친구와 나는 논길의 짚가리 옆에 아무렇게나 쭈그리고 앉았다. 읍내에서 보온 도시락 통을 메고 다니던 아이들과는 달리 동네 친구에게는 부끄러울 게 없었다. 집안에 대해 속속들이 아는 사이가 아닌가. 때 묻은 손으로 길쭉한 김밥을 쥐고 한입 베어 물었다. 아주 익숙한 손맛이 났다. 그날 어머니는 유난히 나를 꼭 끌어안았고, 말수가 적던 나는 연방 소풍 이야기를 재잘댔다. 지금도 생각하면 가슴이 아려오는 날이다.

마트의 반찬 코너를 서너 차례나 돌며 고른 김밥 속 재료들을 세어 보았다. 가히 예닐곱은 더 되어 보인다. 흘끔 쳐다보니 딸아이도 만족하는 눈치다. 이번에는 김 두어 장 남겨서 간장 뿌린 김밥을 내 몫으로 싸야겠다.

비飛

흔적 지우기

부라리는 눈매가 매섭다. 삼각 깃털을 병풍인 양 세우고 장방형의 철조망 둘레를 휘둘러본다. 감히 범접할 수 없는 하늘의 지배자가 약체의 몸으로 척박한 땅 위에 힘겨운 발을 딛고 서 있다. 취안거鷲安居가 된 우릿간 위로 푸른 하늘이 유난히 높아 보인다.

사람의 손길 덕에 회생한 두 마리 독수리가 면벽한 채 마주하고 있다. 지난겨울 낙동강 주위에서 영양실조로 발견된 이들을 조류 연구가가 건강을 회복시킨 후 발목에 가락지를 끼워 자연으로 되돌려 보냈다. 그러나 먹을거리가 부족해진 땅에서 얼마 되지 않아 자생력을 잃은 빈사 상태로 다시 발견되었다고 한다. 강과 땅을 빼앗은 인간이 새들이 나는 하늘까지 욕심을 부린 결과이다.

새들은 이제 하늘로 돌아갈 수 없다. 높디높은 벼랑 위에 집을 짓지 못하고 낮은 철제 울타리 속에서 날개를 접은 독수리는 허공으로 눈길을 보낸다. 야성을 잃어버린 몸짓이지만 눈빛에 남은 제왕의 기세는 여전히 당당해 보인다. 낙오자의 삶이 얼마나 기막힌 일인지 당해보지 않으면 쉬이 알 수 없다. 무리에서 뒤처진 자의 가슴은 화석 같은 굳은 울림관이 되어 텅 빈 소리를 내지만 귀 기울이지 않고는 좀처럼 듣지 못한다. 가까이 가면 심장에서 공명 소리가 들리는 듯하고 동공 깊숙이 들여다보면 눈언저리에 새겨진 여정이 가까스로 나타나기 시작한다.

시선 너머

설산을 배경으로 길이 펼쳐진다. 황량한 천장터와 탈초 더미에 세워진 야크의 뿔이 표지등처럼 길을 안내한다. 그 옆으로 붉은 사막벌이 펼쳐지고 검독수리가 날개를 휘두르는 부시숲을 지나는 여행자의 모습이 함께 비친다. 흔들리지 않는 독수리의 깊은 시선 속에도 같은 잔상이 묻어난다.

하강의 곡선을 긋는 칼바람 소리가 들려온다. 장정의 키를 훌쩍 넘는 날개를 퍼덕이며 야생의 독수리 떼들이 모래바람을 타고 쏜살같이 모여든다. 날카로운 부리를 굳게 닫고 단단한 발톱을 세운 채 응시하는 눈빛에 흔들림이 없다. 대형의 맹금으로서 지상을 제압하는 표정이 완강하다.

독수리는 늘 인간의 죽음 곁에 머문다. 그들은 험산 준령에서 생활하는 티베트 민족의 장례문화에서 삶과 죽음의 경계를 넘나드는 천장의식과 함께 해 왔다. 망자를 하늘로 보내는 드리쿵 사원 천장대天葬臺에서 오늘도 독수리가 무수한 인간의 육신을 잘게 부수어내고 있을 것만 같다.

독수리의 입은 하늘로 이르는 문門이라 생각된다. 이승과 저승의 중재자로서 독수리는 인간의 육신을 먹어 영혼을 하늘로 운반한다. 그리하여 새에게 마지막 몸을 주는 인간이라면 가벼운 영혼의 날갯짓을 할 수 있지 않을까. 몸을 보시하려는 인간과 먹이사슬의 꼭지에 자리한 독수리가 때로는 영적 교감을 한다. 하지만 고매한 천공의 새가 부정한 육신을 먹어주는 것이 오히려 인간에 대한 배려의 몸짓이라 여겨진다. 독수리에게 외면당하지 않는 몸이라면 그나마 다행한 삶이지 싶다. 자연에 대한 외경심이 새롭게 인다.

솟대가 된 새

삶이 애잔하다. 죽은 것만 찾아다닌 지난날도 순탄하지 않았을 터인데 능력과 잠재력을 잃어버린 지금의 갇힌 삶 또한 얼마나 공허할까. 어쩌면 향기로 살아있는 꽃과 풀을 찾아 사막에 다니는 작은 벌새들의 자유를 부러워하는지도 모를 일이다.

무게가 실린 독수리의 눈동자에 나의 얼굴이 뚜렷이 박힌다.

내가 독수리를 보는 것이 아니라 독수리가 나를 뚫어져라 응시하는 순간이다. 그의 냉돌한 시선이 관찰자의 눈을 지나 마음 끝자락까지 재빠르게 통과한다. 독수리가 날개를 퍼덕이는 바람 속에서 천장사가 불을 지핀 송백향이 매캐하게 피어나는 듯하다. 새들에게조차 감추고 싶은 인간의 욕망과 시답잖은 지난날의 행적이 맹조의 투명한 홍채에 얼룩으로 묻어나온다.

인간은 새들과 함께 나눌 강을 더럽히다 못해 습지를 메우기까지 한다. 먹이를 잃고 쉼터마저 빼앗긴 그들은 새의 길을 찾지 못한 채 비좁은 우리 속에서 서성이고 있다. 갑자기 맹조의 울음소리가 등줄기와 가슴 안골을 서늘하게 쓸어내린다. 온몸으로 호소하는 몸짓은 자연의 일부분인 인간과 새가 더불어 살고자 하는 바람의 언어이지 싶다.

다시 긴장감이 인다. 마주하는 눈길이 깊고 무겁다. 가슴깃을 세우고 발톱을 올려 나무 둥치 위에 꼿꼿이 앉는다. 굽은 부리를 하늘로 추켜올리고 휘어진 발을 떠받친 나무는 세계목世界木이 되어 우주로 가지를 뻗는다.

솟대가 되어버린 새.

움직임을 멈춘 새 한 마리가 신과 인간 사이에서 비상을 꿈꾼다. 부동의 솟대를 마음으로 흔들어 본다. 순간 날개를 퍼덕이며 하늘로 솟구치는 나무새의 그림자가 지평을 휘청 흔든다. 노을빛 하늘이 검독수리 한 마리를 끌어안는 오후다.

동동

유난히 황사가 짙다. 뿌연 구름으로 뒤덮여 하늘은 어둑하고 흙비가 흩어진 맨땅은 흑갈색 푯솜이 되어 있다. 두터운 열대목 잎사귀 위로 은죽銀竹 같은 비라도 후려치면 북채 튀는 소리가 들릴 것만 같다.

금정산 입구에 있는 차밭골을 오르는 길이다. 물오른 차나무 새순 잎이라도 보려는 애초의 욕심은 몰아치는 흙바람으로 엄두를 내지 못하게 되었다. 그것을 보상이라도 하듯이 멀리서 굽은 골짜기를 타고 북소리가 울려온다. 눈으로 산길을 오르다가 우연히 귀로 먼저 소리를 담는 시간이다. 산벚나무 숲으로 그늘진 소리터널을 향해 저절로 발걸음이 옮겨진다. 곡우의 산기운이 소릿길을 따라 흐른다.

산언저리에 자리 잡은 전통 민속관에는 진도북놀이 이수자가 수년째 북과 함께 살아가고 있다. 칠십 노구의 몸으로 북판을 죄이고 다듬질하는 얼굴이 봄꽃보다 환하다. 무명 저고리 위로 단단한 북통을 동여맨 자태에서는 둥치를 휘감은 등나무 덩굴처럼 팡팡한 기운이 감돈다.

마침내 북과 몸이 만나는 춤사위가 펼쳐진다. 두 손에 삼색 끈이 달린 북채를 들고 신명 담긴 디딤새로 북춤을 춘다. 하늘을 넓게 젓는 손짓과 땅을 잘게 내디디는 발놀림에서 달빛에 흩어지는 춘매를 본다. 끊어질 듯 이어지는 설장구가락과 휘몰아치는 춤꾼의 버슴새가 어울려 한줄기 회오리바람을 일으킨다. 신들린 몸짓은 폭풍우를 머금은 먹구름으로 흔들리다 지나가고, 지나가다 되돌아보며 머물고, 낭떠러지로 쏟아 내렸다가 멈춘 물줄기처럼 넘실대다가 다시 지나간다. 북가락을 몰아가던 북채가 현란하게 공중으로 솟구친 뒤 미끄러지듯 내려온다. 침묵은 깊어져서 소리와 몸짓이 하나가 된다. 이윽고 내 몸도 떨림으로 소리를 감싼다.

고수가 북채에 기를 실어 따악 북통의 소리를 열면 기를 받은 북거죽이 쩌억 맞소리로 갈라진다. 덩기덕 쿵. 굿거리장단이 울리면 서서히 흥취가 인다. 더더구 더더구. 멈춤과 이어짐의 자진모리 북가락은 흥을 내두르고 여음을 달며 인연을 맺고 한을 풀어주며 너울댄다. 다기다기다기. 재빠른 손놀림이 꿈틀거리는 신명을 휘모리 가락으로 조율하면 발림을 하는 몸에 리듬이 실리고 구음을 하는 목소리에도 혼이 담긴다. 북을 빌어 가슴 속 응어리를 소리로 풀어내는 완緩과 급急의 만남이다.

소리는 두 귀가 아닌 온몸을 열어야 제대로 들을 수 있다. 가슴으로 진동을 받으면 마음이 흔들리고 등줄기를 타고 내리면 몸에 신열이 돋는다. 북을 치는 사람과 듣는 사람 사이에 혼의 교감이 번개처럼 일게 되면 울림은 심장을 거치고 심맥을 넘어 심연의 길을 타고 흐른다.

때로는 긴 파장의 여음이 굴곡진 마음길을 타고 와서 고졸한 울림을 전해주기도 한다. 눈을 감고 들으면 사랑한다 사랑한다 낮게 속삭이고 또 속살댄다. 그 소리에는 맞아도 좋을 가랑비의 우기가 담겨 있고, 혀끝을 적시는 세작의 단내가 숨었으며, 먼발치에서 보내는 오래된 벗의 눈길처럼 진하지 않은 여운이 있어서 좋다.

울림을 내며 나지막이 떠는 북면에 눈길이 간다. 쇠종이 빈 공간에 소리를 머금었다가 퍼지게 하듯이 북의 울림통 역시 진동을 간직하기에 깊은 소리를 더 넓게 퍼트릴 수 있다고 여겨진다. 아픔으로 삭였다가 흐르는 소리는 은은하게 울려들지만 거르지 않고 내치는 소리는 거친 소음에 지나지 않는다.

북 연주는 서릿발 같은 이별어를 남기고 떠난 옛 연인의 마음처럼 단번에 멈추지 않는다. 알렉산더가 고르디우스의 매듭을 단칼에 절단하듯 아찔한 갈림도 없고, 라테츠키 행진곡의 위풍당당한 엔딩 소리도 나지 않는다. 하지만 마음을 휘감는 울림도 내림

북 소리와 가까이하지 않으면 낯설기 마련이다. 북 연주가 끝나고도 엉거주춤 마뜩찮은 얼굴을 할 수밖에 없다면 손뼉 칠 기회를 놓쳐버린 관객일 게다. 보듬어야 할 옛소리는 잊고 교향곡 4악장의 피날레를 알리는 심벌즈 소리에 더 익숙해진 탓일 테니까.

북은 오늘도 누구에게나 개벽을 알려주는 열림의 소리다. 향피리처럼 구슬픈 가락 한번 내지 못하고 태평소처럼 애절하게 영혼을 울리지는 못하지만 수탉처럼 우렁찬 울음소리를 품어낸다. 고대인들은 북을 울려 신맞이를 하였고, 전사들은 북소리로 사기를 얻었다. 요즈음도 해맞이를 할 때면 북소리로 시작을 알리지 않는가. 그 소리에는 서민의 웃음과 땀이 배어있어서 땅의 기운도 함께 치솟는다.

내 몸에도 울림통 하나 있으면 싶다. 풀리지 않는 말들이 삭아서 새까맣게 탄 마음의 울림통을 튼실한 북채로 한번 시원스레 휘둘러 쳐 보겠건만. 그러면 곪은 속도 펑 소리를 내며 후련하게 터질 수 있을까. 속 좁은 인간이 어찌 큰 북통을 소원하겠는가. 나각의 조그만 소리통 흉내라도 낼 수 있으면 다행이다 싶다.

금정산 자락에서 두근대는 북소리를 산의 심장 소리로 여겨본다. 산길을 내려오며 귀를 열어두니 눈으로 보는 길이 아니라 소리로 보는 길이 펼쳐있다.

동동.

외북소리가 마음 한켠을 두드린다.

팽팽하게 몸을 펴 본다.

거룩한

누구나 마음에 담아두는 말 한두 마디 정도는 있을 게다. 주변인에게 물어보면 대답이 제각각이다. '흙둔지'라는 말에서 향수를 느낀다는 친구, '보고 싶다'라는 글자만 보아도 심장의 무게가 내려앉는다는 사람, '카르페디엠'을 외치면 엔도르핀이 솟는다는 지인도 있다. 반면, 삶이 순탄치 않은 K 시인은 통곡하기 알맞은 장소를 찾아 몇 년째 '호곡장好哭場'이라는 말을 입에 붙이고 다니기도 하고, '눌인訥人'이라는 단어가 어눌한 자신을 칭하는 것 같다며 아예 아호로 정해버린 스승도 있다.

그들처럼 나도 요사이 관심을 두게 된 말이 하나 생겼다. 바로 '거룩한'이라는 다소 무거운 형용사이다. 이 말을 좋아하게 된 연유는 오로지 H 선생님 덕분이다. H 선생님과는 수년간 같은 지역의 문학단체 회원으로 알게 되었다. 희수를 맞은 연세에도 나이 예측을 불허할 정도로 젊게 보이는데 그 까닭은 항시 머금고 있는 웃음살 때문이라 여겨진다.

지난 늦여름, 분기탱천하던 매미 소리가 뚝 끊어진 어느 날이다. 평소 따뜻한 마음을 열어 주는 H 선생님의 안부가 궁금해져 전화를 드렸다. 지나는 길이면 잠깐 들리어 동인지 원고를 받아가라는 응답을 하신다.

그분이 소일 삼아 지내는 사무실을 찾았다. 낡은 소파에 기대어 한자가 빼곡히 적힌 약초도감을 줄 쳐가며 읽고 계시다가 나를 보더니 특유의 환한 웃음으로 맞아주셨다. 작설차도 미리 끓여놓았고 내게 줄 막사발 두 점도 신문지로 겹겹이 싸 놓으셨다.

그날, H 선생님과 인근식당에서 가벼운 점심도 함께했다. 선생님은 말씀 도중, 이십여 년 전에 사별한 첫 부인을 떠올리고 눈물을 글썽였다. 당시에는 쉼 없이 흘러내리는 눈물 때문에 휴지 뭉치를 안고 살았다고 한다. 면전에서 노수필가의 눈물을 본다는 것은 남도에서 설국雪國을 보는 것만큼 어려운 일이다. 나는 당황하여 상 위에 놓인 맹물만 자꾸 비워내고 있었다. 헤어질 즈음, H 선생님이 즐겨 쓰는 한 단어가 가슴을 찔러댔다.

그분은 첫 부인과 살았던 시절을 두고 "망처가 된 그 사람과 보낸 거룩한 시간"이라 잊을 수 없다 했다. 그 '거룩한 시간'을 글로 표현할 수 있어서 더없이 거룩하다 했다. 나에게는 "거룩한 시간을 내 주어서 감사하다." 했고, '거룩한' 품성을 가지면 '거룩한' 응답이 있을 거라 용기를 주었다. 심지어 식당 아주머니께도 "거룩한 점심상을 차려주어서 고맙다."라고 했다. 특정 종교도 가지지 않은 그분과의 대화 도중 '거룩한'은 무시로 등장하여 이야기의 맥을 이어나갔다. 그런데 신기한 일은 그 '거룩한'이라는 말을 아무리 들어도 질리지 않는 것이었다.

집으로 오는 길에 머릿속은 온통 '거룩한'으로 물들어갔다. 비를 머금은 하늘도 형용할 수 없을 만큼 거룩하게 보였고, 운전하기 어려운 좁은 골목길을 지날 때도 거룩한 길로 바뀌었으며, 전화기에 찍히는 광고 문자까지 거룩한 안내판으로 여겨졌다. 그럴듯했다.

나는 그날, 떠오르는 낱말마다 '거룩한'을 붙여 H 선생님을 흉내 내었다. 거룩한 말, 거룩한 눈물, 거룩한 풍경, 거룩한 그림자……. 몇몇 지인에게도 "거룩한 어쩌고저쩌고……." 하며 전화 응답을 해 보았다. 하지만, 모두 어디 까마귀가 우짖느냐며 외면할 따름이었다.

그분의 '거룩한'과 나의 '거룩한'이 왜 다른지 알 수 없었다. 어조도 다르고 발성도 다르다. 그러나 이것 때문만은 아닐 것이다. 삶의 연륜이 쌓인 H 선생님의 '거룩한'은 마음으로부터 길어올려진 마음소리지만, 나의 '거룩한'은 오직 입술에서 새어나오는 입말이기 때문이리라. 하물며 "좋은, 멋있는, 괜찮은" 등의 말에도 마음소리와 입소리가 있을 터인데, 적어도 '거룩한'이라는 단어가 상대방 가슴을 적시려면 조금이나마 '거룩한' 삶을 살려고 노력한 사람에게만 가능한 일이겠거늘. 나 같은 무지자는 감히 흉내 낼 수 없는 감불생심敢不生心이 아닐까. 묵침默沈할 수밖에.

나는 오늘도 '거룩한'이라는 언품 앞에 준엄히 고개 숙인다.

검은 돌

우두커니 앉은 검은 돌이다. 단단한 화강암은 아니요, 반드럽게 윤이 나는 오석도 더더욱 아니다. 비에 젖고 바람에 몸피가 거칠어진 자연석 그대로다. 작은 받침돌 위에 포개어진 몸돌은 풀숲에 숨어 명상이라도 하는 듯 과묵하기만 하다.

대신공원 편백 숲 초입에 자리한 수필가 故 현석玄石 김병규 선생의 문학비를 찾았다. 동아대 병원 입구에서 등산로를 따라 십여 분 올라가면 세월의 이끼마저 거부하는 듯 고고하게 자리한 돌 하나가 비탈진 길모퉁이에 있다. 관심을 두지 않으면 산계곡의 여느 암석이나 다를 바 없다. 돌 위에 너부러진 잡목과 수풀을 걷어내니 '산과 골짜기에 깔린 암흑은 어둠이라기보다는 숫제 검은 옥 같았다.'라는 흐릿했던 글이 되살아난다.

검은 돌의 뒷모습이 그분과 닮았다. 구부정한 등판 위로 마른 나뭇잎이 실려 온다. 폭우라도 쏟아지면 쓰러지지 않을까 생각하니 조바심이 난다. 빗돌을 세울 당시에는 제법 값나가는 소나무를 한 그루 심고 축대도 쌓았다고 전해 들었다. 그러나 그 소나무는 흔적 없이 사라졌고, 축대로 보이는 돌무더기는 빗물에 흩어졌으며, 주변의 서너 그루 나무는 새 잎을 피워내지 못하고 있다. 묻혀버린 그분의 수필세계를 보여주는 듯하다.

내가 선생의 글을 처음 대한 것은 책장에 꽂혀있던 1,200원짜리 낡은 책에서다. 피천득, 김진섭 등 낯익은 작가를 제치고 선생의 이름자에 관심을 둔 것은 약력에 쓰인 '한국문협 부산지부 부지부장'의 '부산'이라는 단어가 반갑기도 했지만, '먼지 인생'이라는 제목의 깊이 때문이었다.

평소 현석 선생은 "인생은 먼지며 티끌이고, 먼지처럼 왔다가 먼지처럼 가는 게 인생이다."라고 하였다. 선생의 철학적 인생관을 보여주는 구절이다. 프랑스 철학자 뷔퐁이 "글은 곧 사람이다."라고 했듯이, 작가는 글로써 자신을 드러내고 독자는 글로써 작가를 만나게 된다. 선생의 글을 읽고 있노라면 뷔퐁의 말이 저절로 연상되어진다.

본디 선생의 성품이 '말 없음'임은 익히 알고 있지만, '나는 입을 다물었다'라는 글을 읽으면 저절로 고개가 끄덕여진다. "산은 만고에 침묵만 지키고, 강물은 물굽이 치는 일도 없이 팽팽히 흐르고 있다."고 했기 때문이다. 인간이 산과 강을 지켜보면서 입을 다물 수밖에 없는 일은 너무도 타당한 일이라고 하겠다.

언젠가 원로 수필가 황정환 선생에게서 현석 선생의 일화를 들은 적이 있다. 황 선생의 증언을 빌리자면 두 분은 같은 동인회에서 몇 년간 함께 활동했다. 그런데 모임 때마다 현석 선생은 묵묵히 앉아만 계셨다고 한다. 다른 회원들이 떠들다가도 선생을 보고는 슬며시 입을 다물었다고 했다. 진정한 인품은 그저 앉아만 있어도 빛난다는 것을 알 수 있다.

김병규 선생이 남긴 일화는 여러 가지로 엉뚱한 데가 있다. 앓아눕는다는 데 대하여 달콤한 애상과 매력을 느끼기도 하며, 달을 보려고 새벽 네 시에 산을 오르거나, 연구실에 우연히 날아온 박새를 가두어놓고 며칠간 함께 동거하기도 했다. 어떤 때는 길을 걷다가 무작정 높은 산을 미친 듯이 치닫기도 하며, 고색창연한 유럽 도시를 보고 온 뒤에는 유럽 먼지를 털어내고자 뻔질나게 경주를 오르내렸다.

선생의 길에는 어둠이 많다. 선생은 밤길에 본 어둠을 공포라기보다 유혹으로 풀어내었다. 고정된 시선을 달리하면 의식은 가벼워지고 깊어진다. 어둠의 공포를 걷어내었을 때 오히려 어둠에 짓눌려 보고픈 유혹을 느끼게 되는 것이다. 어둠 속에 혼자 있다는 것은 자기 자신으로 되돌아오는 일이므로. 그렇다면, 외로움과 적적함이야말로 진정한 안식과 안도감이 아닐까. 그러한 것이 행동언어에 속한다. 구태의연한 신변에서 탈출하고, 깨어있는 삶을 체험으로 대결하려던 행동이라 여겨진다.

문학비 아래로 흐르는 청아한 계곡물 소리에 정신이 든다. 백 년도 넘어 보이는 벚나무 한 그루가 유독 눈에 들어온다. 마치 현석 선생의 문학비와 삶을 같이해온 듯 몸체마저 흙빛이다. 오랜 풍상에도 계절을 잊지 않고 벚꽃잎을 피워 올렸다. 한 무리 등산객이 선생의 문학비를 무심히 지나 인근의 편백 씨앗을 줍느라 바쁘다. 선생은 평소 단순한 문인화 같은 수필에 우리는 만족할 수 없다고 강조했다. 수필도 끝까지 가 보는 노력이 필요하다고 한 말을 가슴에 새기며, 나 또한 편백 씨를 그분의 언어인양 주워본다. 하지만 선생이 뿌린 문학의 씨앗도 함께 거두어갈 수 있을지 자신할 수 없다.

벚꽃잎이 바람에 떨어져 사방으로 흩어진다. 그러고 보니 현석 선생은 이렇게 바람 부는 길목을 항상 그리워하지 않았는가. 선생이 문학비에서 맞이하는 열 번째 봄날의 햇볕이 따뜻한 듯 쌉쌀하다.

고요히 앉은 자연석 위로 "글은 바람이어라." 하셨던 낮은 음성이 울려온다.

미스킴라일락

봄이 깨어난다. 영춘화가 노란 꽃잎을 펴며 눈마중하고 겨울을 보낸 애기수선화도 작은 체구에 튼실한 꽃송이를 내뿜었다. 동강할미꽃이 삼동을 견뎌내어 잎을 뻗치고 바짝 땅에 엎드렸던 냉이가 꽃대를 밀어올렸다. 봄꽃들과 눈을 맞춘 내 몸에 신춘의 기운이 돈는다.

들꽃 정원을 가꾸는 지인의 집에 초대를 받았다. 대문을 들어서자 멀꿀나무가 잔가지를 흔들고 홍오동이 붉은인동 덩굴 아래서 고개를 내밀어 손님을 반긴다. 돌확 속에는 동의나물이 꽃을 머금었고 바늘꽃이 숨은 촉을 틔웠다. 한쪽 벽에 천일홍이 거꾸로 매달린 채 얌전하고 상록넉줄고사리는 온실로 피난 와서 월동나기를 하고 있다. 서양 이름으로 팬지라고 부르는 삼색제비꽃이 사람 얼굴 모양을 닮아 신기하다.

이때 보랏빛 꽃망울을 담은 화분 하나가 유독 눈길을 잡는다. 토착꽃인듯 하면서도 이국적인 자태에 오래전에 마음이 뺏긴 반가운 꽃나무다. 정향나무라고도 하는 이 나무는 수수꽃다리의 개량종으로 '미스킴라일락'이라 불린다. 미군정 때 우리나라에 근무한 미국인 식물학자 미더 교수가 수수꽃다리의 향기에 반해 북한산에서 채종한 종자를 자국으로 가져가 번식시켰다고 한다.

수수꽃다리의 변종 이름을 '미스킴'으로 등록한 이유는 군정청의 한국인 타자수가 '미스 김'이었거나, '미스 김'이 한국에서 가장 흔한 여성의 성이라는 일설로 풀이되고 있다. 여러 가지 이유 중에 나는 한국인 타자수 쪽으로 생각하고 싶다. 이국땅을 뚫고 꿋꿋이 자라는 꽃에서 야무졌던 '미스 김'을 떠올렸기 때문일까. 영리하면서도 유순하고 순박한 이미지가 미스킴라일락과 닮아 보인다.

미스킴라일락의 꽃잎을 맡아본 사람이라면 매혹적인 그 향기를 잊지 못할 게다. '라일락'이 불어로는 '리라'인데 가수 현인 씨는 '베사메무초'를 부르면서 "리라꽃 향기를 전해 주오."라며 연모의 정을 라일락에 빗대었고, 이해인 수녀님은 "빗장 걸었던 꽃문 열고 밀어내는 향기"라 극찬했다. 그러나 내게 있어 라일락은 이십 대 여린 날을 성숙시켜준 그리움의 향내이다.

한때 그림 공부에 몰두한 적이 있다. 하얀 석고상을 그려내느라 이젤 앞에서 시간을 잊고 지내던 시절, 점토공예를 가르쳐 주고 학원까지 열게 도와준 분이 계셨다. 그녀는 쉰 살이 넘은 독신이었는데 강의를 하고 전시회를 열고 책을 출간하는 등 왕성한 활동으로 미술의 지평을 넓혀 나갔다. 그러나 화려한 명성과는 달리 가족 하나 없는 자신의 처지가 때로는 처연한지 가끔 긴 한숨을 내쉬곤 했다. 나 역시 갑작스레 부모님을 잃고 힘들 때인지라 곰살궂은 그녀를 친언니처럼 의지하게 되었다.

당시 우리는 점토꽃 전시회를 준비하고 있었다. 그녀는 사비를 들여 장소를 섭외하고 기획을 하고 작품을 지도해 나갔다. 삼각판에 꽃잎을 말아 촘촘히 붙인 등꽃과 둥글게 접은 꽃잎으로 돌려가며 모양을 낸 장미, 유연한 곡선미를 강조한 칸나꽃 등을 생화마냥 열심히 빚었다.

늦봄의 계절인 만큼 라일락이 빠질 수 없었다. 생화를 꽂아 두고서 둥그렇게 몰려 피는 꽃송어리를 흉내 내고자 더욱 공을 들였다. 물방울 같은 몽우리를 가득 만들고 둥근 봉으로 돌려가며 꽃잎 펴기를 했다. 색을 칠하기 전의 라일락꽃은 마치 튀밥이 터져 있는 것처럼 환했다. 그때 나는 쉰이 넘은 여자의 봄도 튀밥처럼 터진 눈부신 일 하나쯤 생겼으면 하는 생각을 했다.

하지만 일은 엉뚱한 곳에서 터지고 말았다. 그녀는 미술을 제외하고는 모두가 젬병인지라 요리를 배우고자 잠시 학원에 다녔다. 평소 마당발을 자랑하던 요리학원장이 그녀의 후덕한 인품에 감복하여 주미 한국대사관에 영양사로 추천하였다. 대사 부인이 급히 한국으로 와서 면접했고 합격통보를 받은 그녀는 가족도 연인도 없는 이 땅에 미련을 버렸다. 그리고는 며칠 동안 후다닥 짐을 싸서 뉴욕으로 떠났다. 전시회는 물거품이 되었고 개화기가 짧은 라일락 꽃잎은 일순간에 무너진 내 마음처럼 봄바람에 후두두 떨어져 내리고 있었다. 그때 처음으로 깨물어본 라일락 이파리는 지독히도 쓴맛이 났다.

라일락 계절이 다가오면 입안이 싸아해져 온다. 그럴 때마다 그녀가 생각난다. 그녀는 한국의 수수꽃다리처럼 미국에서 미스킴라일락으로 다시 태어났을까. 이 땅에서 뿌리 내지지 못한 마음의 연줄을 그곳에서는 단단히 엮어내었을까. 어쩌면 그곳에서 좋은 배필을 만나 가정을 이루고 더 활발한 예술 활동을 마음껏 펼치는지도 모를 일이다.

요즈음 미스킴라일락이 인기 있는 정원수가 되어 역수입되고 있다. 아메리칸 드림을 꿈꾸며 떠났던 미국 이민자들의 역이민이 늘고 있듯이 고향에 뿌리를 내리고자 하는 나무의 본성도 마찬가지일 터. 그녀에게도 미국 삶을 훌훌 걷어내고 귀국 길에 오르는 날이 있을까. 연보랏빛 라일락 몽우리가 개화하면서 점차 흰색으로 엷어지듯 사십 대의 청청했던 그녀가 다시 돌아온다면 만개한 라일락 꽃빛처럼 칠순의 은발로 화창할 텐데.

들꽃 정원에 바람이 인다. 야생화에는 이른 개화기라 화단은 아직 잔잔한 편이다. 그러나 창포와 금낭화가 꽃을 물고 있으니 곧 향기를 퍼트릴 것이고 미스킴라일락이 눈을 뜨면 봄이 터지는 소리가 지천으로 들릴 게다.

제3부

새에게는 길이 없다

겨울 소리

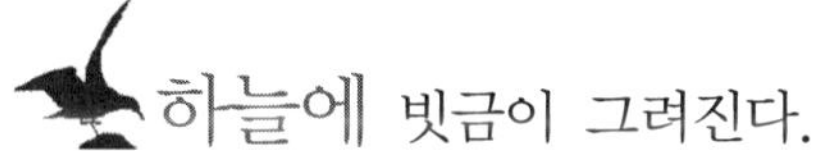

하늘에 빗금이 그려진다.

수리새 한 마리가 태양을 향해 솟아오른다. 커다란 날개를 바람에 내맡긴 채 가끔씩 물결치는 몸짓은, 인간이 아무리 많이 가져도 자신보다 행복하지 않음을 보여주는 듯하다. 문맹을 깨쳐 만물을 다스린다 하나 두 발로 무겁게 디디는 한, 마음껏 자유로울 수는 없는 일이다. 새들은 가벼운 깃털의 흔들림만으로 하늘을 온통 차지하니 어찌 물질로 행복을 저울질할 수 있을까. 어떤 것에도 얽매이지 않는 새들의 비상이 부럽기만 하다.

더 가까이에서 새들의 군락이 보고 싶어졌다. 서쪽으로 제법 기울기는 했으나 남은 햇살은 충분했다. 고속도로를 여기저기 달리면서 지나쳤던 산들을 곰곰이 생각하니 새들의 모습이었다고 여겨진다. 단풍으로 불이 붙은 늦가을 가지산은 청둥오리들의 군무였고, 동학사에서 본 겨울 계룡산은 타버린 재로 덮인 양 금방이라도 휘파람새를 날려 보낼 기세였다. 지난해, 차창 밖으로 지나쳤던 화왕산은 한 마리 도요새마냥 잔설로 물기 머금은 기운을 뿜어내고 있었다. 산처럼 들도 새를 맞이하는 뜨락임은 마찬가지다.

인적이 드문 우포늪은 자연의 소리로 광활하다. 바싹 마른 갈댓잎은 겨울바람으로 몸을 비비고 작은 물떼새들은 종종거리며 자맥질하고 있다. 고개를 낮춰 귀를 기울이면 늪의 수생식물 숨소리마저 들려오는 느낌이다. 저 멀리 쪽지벌에서 '훗호훗호' 하는 고니의 외침에 기러기 떼가 '과우우우' 답하며 깃털을 털기 시작한다. 박자 없이 소리치는 새들의 울음소리가 승전보를 안고 오는 군사들의 함성을 닮았다. 닫힌 마음에서 모처럼 시원스레 회오리바람이 인다.

울음소리. 나도 저 새들처럼 한때 무척 소리를 질렀다. 격정에 사로잡혔을 때, 실패에 대해서 발 동동 구르며 안타까워 고함치고, 억울함에 대해서는 분노로 대들었다. 뜻밖의 이별에 대해서는 세상을 향해 서러운 통곡을 하였다. 그 시간들도 세월에 묻히는 운명을 지녔는지, 이제는 숨비 소리가 가슴에서 낮게 들려올 뿐이다.

탐조. 서두르지 않고 지그시 겨울 철새들을 바라본다. 새를 살피는 일이란 원시시대를 만나는 길이다. 나는 두 손에 갈돌을 든

유목인이 되어 중생대 시기에는 호수였을 늪둑을 따라 천천히 걷는다. 청둥오리 떼들이 귀향을 위해 몸을 키우느라 뻘흙 속에서 먹잇감을 찾고, 풀씨를 찾는 쇠기러기들은 발자국을 부지런히 남긴다. 가끔씩 무리에서 벗어난 서너 마리가 북녘 고향을 응시하기도 한다. 새를 살피다 보면 내 발이 오래 그 자리에 박혀 있으면 싶다.

출현. 은빛 털을 가진 큰고니 한 마리가 갈대 사이로 모습을 드러낸다. 늙은 소나무 사이로 비친 석양을 등에 업고 외발로 곧추선 자세에서 생명의 기운을 전해 받는다. 저 새도 혹한기를 피할 시베리아를 꿈꾸겠지. 상처로 얼룩져도 돌아갈 고향이 있다면 그나마 다행한 삶이다 싶다. 그러지 못한 처지라면 고향이라는 말만 들어도 휑한 바람이 일 게다.

몇 해 전의 일이다. 새내기 운전자가 되어 이십 년 만에 고향마을을 찾았다. 예전의 마을이었던 들판에는 넓은 도로가 뻗어 있고, 유년시절의 사람들과 동네 집들은 사라진지 오래였다. 둑방길을 따라 한참 걸어가니 조그만 집터가 나왔다. 나온 게 아니라 외딴집 흔적을 가까스로 찾아낸 것이다. 흙덩이 사이로 땅을 밟아보았다. 마당에 그림자를 드리우던 무화과 잎사귀가 흔들리는 환영이 비쳤다. 이따금씩 얼룩무늬 비비새가 쉬어가던 작은 개울과 닭 무리가 놀던 갈대숲 자국도 조금은 남아 있었다. 하지만 그들의 소리들은 온데간데없었다.

무엇보다 아쉬운 소멸은 초가집 추녀에 달린 제비집이다. 비가 내리는 날에 어미 새는 새끼 제비를 위해 좁은 제비집에 들어가지 않고 전깃줄에 앉아 비를 흠뻑 맞았다. 그러고 보니 어머니도 비가 오면 늘 부엌으로 나가서 시간을 보냈다. 퀭한 제비 모습에 철없는 자식들만 남겨두고 삼십 년 전에 떠난 부모님이 겹쳐지면서 가슴이 후루룩 비로 젖는다. 부모가 되는 일은 온몸을 적시는 희생이라던 어머니의 말이 자식을 키우면서 비로소 제비 소리와 함께 떠오른다.

갈대 사이로 보이는 세상이 편안하다 하면서 두어 시간을 앉아 있었다. 겨울 소나무 사이로 비치는 여린 석양이 따스하다 느끼면서, 구름 사이로 훠이훠이 나는 저 새들을 닮고 싶다 하면서, '엘 콘도 파사'를 조용히 흥얼거려 본다.

인간은 날지 못하는 새다. 마추픽추를 떠날 수밖에 없었던 고대 잉카인들도 자신이 새였으면 하고 바랐을 것이다. 살던 곳을 잃고 쫓겨난 콘도르처럼 나 또한 겨울 철새의 무리에서 뒤처진 한 마리 새가 아닐까 싶다. 씁쓰레한 마음을 피하듯 고개를 내리니, 물속에는 깃털을 드리운 내 그림자가 이미 반쯤 흔들리고 있다.

늪 가장자리에서 겨울 풋바람이 매섭게 밀려온다. 얼마 후면 저 새들도 귀향할 게고 새 울음으로 충만한 저곳은 한동안 정적의 늪으로 남을 게다. 하지만 봄이 되면 남쪽에서 날아온 도요새들이 두런거리며 한철 집을 짓기 시작할 게다. 빛살을 맞은 연녹색 매자기 군락 안으로 논병아리들도 오종종 몸을 드러내고, 왜가리가 골풀 사이로 의연한 자태를 한껏 뽐내면 다시 늪은 활기를 돋우리라.

늪은 매년 침묵으로 새들을 기다린다. 불현듯 내 고향도 언제나 그곳에 자리매김하고 있다는 생각에 갑자기 발걸음이 급해진다. 멀리 고향마을에서 훈김이 뭉클 불어오는 듯하다. 겨울 저녁의 우포늪이 다시 활기로 꿈틀대기 시작한다.

이제 비·상·이·다.

홍탁미맹洪濁味盲

맵고도 알싸한 맛이 혀에 박힌다. 꽃심의 땅 전주를 떠올리면 비빔밥보다 홍탁 기억이 앞서는데 그건 순전히 문학행사 뒤풀이 때 마셨던 막걸리와의 인연 때문이다. 늦은 밤 문인들과 함께 간 전주 최고의 막걸리촌인 삼천동 골목길은 즐비한 막걸릿집 등불과 호탕한 술꾼들의 웃음소리로 불야성을 이루고 있었다.

만 원짜리 막걸리 한 주전자를 시키면 삶거나 굽거나 무치거나 혹은 날 것으로 차려내는 공짜 안주가 무려 스무 가지가 넘는다는 이 고장 문인의 자신만만한 추천에 우리 일행은 처음에 반신반의 했다. 그런데 자리에 앉으니 자꾸만 차려지는 음식에 상다리가 휘어질 것만 같아 입을 다물 수가 없다. 금세 마련된 산해진미를 한 상 가득 받고 보니 귀빈이 된 듯 탄성이 절로 터진다.

싱싱한 멍게와 생굴, 소라와 백합과 꼬막, 문어와 낙지와 주꾸미, 삶은 옥수수와 찐 밤, 장어구이, 두부김치, 김치파전, 조기찌개, 양념게장, 바지락회, 키조개회, 달걀찜, 연포탕, 참게장, 간재미무침, 간간한 고등어조림, 청양고추를 띄운 시원한 콩나물국과 신선한 채소까지 눈앞에 펼쳐진 안주마다 남도 인심이 넘쳐난다.

그 중 빠지지 않는 전라도 자존심이 홍어 안주다. 비곗살이 붙은 삶은 돼지고기에 묵은 신김치까지 곁든 홍어회와 막걸리를 '홍탁삼합洪濁三合'이라 부르며 이곳 술꾼들은 최고의 안주로 여긴다. 전라도 지방에서는 잔칫날 홍어가 빠지면 제아무리 걸게 차려 놓아도 "먹 작 것 없는 잔치" 소리를 듣게 된다니 남도 사람들의 홍어에 대한 애착은 짐작되고도 남음이 있다.

그동안 서너 번 홍어 먹기를 시도한 적이 있었다. 그러나 코를 콱 쏘는 뒷맛을 이기지 못해 번번이 실패한 기억만 뚜렷할 뿐 홍어 맛에는 미맹味盲이나 다름없다. 이곳 술상에서도 '홍어 먹을 줄 아는' 사람들의 은근한 동지애를 부러워하며 심사가 편치 못하다. "팍 삭은 홍어를 어적어적 씹다 숨을 들이켜면 영혼이 흔들린다."며 기를 팍팍 죽이기도 하고, "홍탁의 맛을 아직 모른다면 세상을 헛산 것이여."라고 어깃장을 놓는 홍어 예찬에 주눅이 든다.

부챗살 같은 홍어회에 눈길이 꽂힌다. 홍어 맛은 중독성을 불러일으킨다는 충고에 홍어 한 점 꿀꺽 삼키면 나도 그들의 대열에 낄 수 있겠다는 얕은 속셈이 앞선다. 당당하게 홍어 살을 젓가락으로 집어 올렸다. 암모니아 냄새의 괴로움을 겪어보았기에 숨을 딱 멈추고 입 안에 넣었다. 한입 씹는 순간 혀는 그대로 마비 상태다. 후각과 미각은 급정지를 일으켰고 폭발할 것처럼 부풀어 오른 목은 가스에 숨이 막힐 지경이다. 잠시 후 고였던 가스가 역류하여 코로 푹 터져 나오니 몸체가 진동으로 부르르 떨려온다. 배어 있는 떫은맛을 지우려고 잽싸게 멍게 두어 점을 집어 삼켜본다. 달짝지근하고 새콤한 멍게 즙이 혀끝에 착 감기면서 해동되는 미감으로 몸이 서서히 풀어진다.

정신을 차리고 눈물을 닦는 순간 정지용 선생이 생각난다. 충북 옥천이 고향인 선생이 부산에 왔다가 처음 먹어본 멍게 맛이 조금 전 홍어 맛과 비슷하지 않았을까. 정지용 선생은 산문 '부산 2'에서 멍게 맛을 이렇게 적고 있다.

> '생선 파는 장사가 이름도 모르고 파는 생선이 있다. 멍기라는 것이 있다. 우멍거지라고도 하고 우름송이라고도 한다. 꼭 파인애플같이 생긴 바다의 갑충류다. 칼로 쪼기어 속살을 빼내면 역시 파인애플 과육으로 비유할 수 있다. 물기 많고 싱싱하고 이것을 길에서서 먹고 걸어가면서 먹고 참외 깨물어 먹듯 하고들 있다.
>
> 우리는 이것을 사가지고 하꼬방으로 들어가 초간장에 찍어 막걸리와 함께 먹는다. 나는 한 점 이외에 도리가 없다. 청계(정종여)는 열다섯 개를 먹는다. "답니더, 이거 참 답니더." 비리고 떫은 것이 달다면 정말 단 것을 비리다고 할 사람 아닌가! 향기는커녕 나는 종일 속이 아니꼽다.'

나는 이 글이 얼마나 재미있는지 요즈음도 무시로 읽어보곤 싱긋 웃음 짓는다. 이후 멍게를 먹을 때마다 정지용 선생을 떠올리며 미간을 찡그려 소태 씹은 얼굴을 하는 버릇이 생겼는데 홍어를 집어들 때도 표정이 이지러졌으리라 생각된다.

어쨌든 홍어에게 감탄사를 늘어놓는 홍어 마니아들 틈새에 끼어들 기회를 이번에도 놓쳐버렸다. 썩어야 제 맛을 내는 홍어처럼 몸이 썩을 정도로 치열하게 살아내지 못한 자는 여전히 삶의 문외한일 수밖에 없나 보다. 인생에서도 푹푹 삭은 맛을 경험한 남도 사람들이기에 바다의 발효 식품인 홍어와 육지의 발효 음식인 김치와 막걸리를 함께 즐길 줄 아는 법. 진정한 예인은 이러한 맛을 취할 수 있으니 전주를 예향의 고장이라 부르는 이유를 이제야 짐작하겠다.

거친 세파를 견뎌 내야 비로소 알게 되는 것이 홍어의 맛이라면 나 같은 주변인이 어찌 그 맛을 알 수 있으랴. 자격 미달인 내게도 세상맛이 배어들다 보면 달곰쌉쌀하며 퀴퀴한 삶의 맛을 알 날이 언젠가 오지 않겠는가.

새에게는 길이 없다

새를 만나는 일은 글을 쓰는 것만큼 행복하다. 글을 쓰는 것만큼 새를 만나는 일도 행복하다. 매일 아침 산책길에서 침묵으로 새를 만난다. 새와 나란히 걸으며 해송 사이로 밀려오는 갯바람과 사각대는 억새와 입선立禪에 든 겨울나무의 잔가지가 떠는 미세한 소리에도 귀를 기울인다. 이러한 새의 몸짓이 내 상념을 흔들어 깨운다.

동살이 잡힐 무렵 공기의 부력으로 삼라만상을 회전시키는 새들을 볼 때면 새로운 세상으로 여행을 꿈꾸기도 한다. 때로는 새의 비상 뒤에 남겨진 긴 여운에 기운이 빠지기도 하지만 비상 같은 글쓰기는 내가 새가 되는 시간이다. 가진 것 없으면서 가벼우나 단단한 날개로 하늘을 가르는 힘찬 몸짓에는 인간이 흉내 낼 수 없는 성스러움이 담겨 있다. 글도 그러리라 믿는다.

어릴 적에 사방이 논밭으로 둘러싸인 시골 외딴집에 살았다. 집 앞 개울의 갈대밭과 늪에는 무수한 종류의 새들이 찾아왔다. 종다리와 들꿩과 물닭 무리까지 계절을 잊지 않고 조용히 깃을 내리곤 했다. 그러던 어느 날 사람에게도 가히 위협적인 장대비가 갑자기 쏟아졌다. 때마침 어미 새 한 마리가 온몸으로 비를 맞으며 논둑 둥지 속 알을 지키는 광경을 보게 되었다. 어떠한 외부 환경에도 꿈쩍하지 않으려는 부동의 자세는 모정을 뛰어넘어 차라리 초연함이었다. 그 박힌 상像은 어찌나 뚜렷하게 각인되었는지 지금도 간혹 빗속의 새를 만나면 발길을 쉽게 옮길 수 없다.

나의 글쓰기는 떠나온 고향을 처음 찾았을 때 시작되었다. 삼십여 년 전, 당시 한꺼번에 부모님을 잃게 된 어린 남매는 더 이상 그곳에 살지 못했다. 누군가에게 고향이라는 말만 들어도 가슴이 아리고 눈이 시려 왔다. 그런데 우연히 철새들의 서식지인 우포늪에서 비상하는 새들의 소리를 듣다가 문득 내 고향에도 새들이 앉았던 자리가 남아있을지 모른다는 기대감이 부풀어 올랐다. 그 아련한 기억이 힘겨운 발걸음을 이끈 것이다.

그 후 마음이 적적할 때면 고향 인근의 강과 저수지를 찾는다. 그곳에서 만나게 된 철새들이 나의 고적감을 차츰 치유해 주기 시작했다. 뻘흙 속에 발을 담그고 생명의 겨울 뿌리를 훑는 새들을 지켜보면서 고향은 뻘흙 같은 곳이 아닐까라고 생각한다. 수초가 겨울에도 싱싱한 뿌리를 내리는 그곳은 가시적인 공간이 아니라 원초적인 장소라고 여겨졌다. 청둥오리 떼가 화려한 군무로 귀향하는 모습을 지켜본 날 처음으로 한 편의 글을 완성했다. 신성한 새의 몸짓은 허둥대던 마음을 일으켜 주었고 글 속의 마지막 방점은 여릿한 마음을 조금씩 아물게 해 주었다. 가만히 생각하니 고향을 잃은 게 아니라 스스로 찾지 않았던 것이다.

새를 만나면 지금도 마음이 설렌다. 여행지에서 낯익은 새를 만날 때면 잃어버린 고향을 찾은 것처럼 가슴이 떨려온다. 노랑부리저어새가 주둥이를 뻘물에 넣고 휘휘 젓는 모습에서 시골 어머니의 영락없는 주걱질을 떠올리기도 하며 노목老木에 앉은 곤줄박이를 볼 때면 아버지의 잿빛 중절모를 생각한다. 적도 부근의 섬에서 공중을 선회하던 사막새와 붉은 바위산 아래에서 깃털을 털고 있던 열대조의 몸짓도 잊을 수 없다. 글의 길을 가다 보면 이러한 새들과의 낯선 만남으로 묵었던 응어리가 슬며시 풀리기도 한다.

언젠가 단테의 생가를 찾아서 피렌체 거리를 배회한 적이 있다. 중세 예술가들의 조각이 살아 숨 쉬는 웅장한 광장을 지나 좁은 골목길로 들어서자 고풍스러운 건축물들이 당당히 버티고 있었다. 하늘로 치솟은 첨탑 지붕의 화려한 성당과 푸른 대리석 벽의 주택 창가에 놓인 제라늄 화분들이 눈부셨다.

그 길에 또 다른 길이 포개졌다. 이십 년 만에 찾은 고향 강변길이다. 그리운 사람들이 떠난 후 철거된 집터와 진흙탕 사이로 겨울바람만 불어오던 황량한 강둑이 시간을 깎아내고 있었다. 단테의 생가로 이어지는 길은 짧았고, 개발에 묻힌 고향길은 누적

된 시간만큼 길었다. 이제 그 길들이 제각각 내 가슴 속 두 심실에서 글의 길로 이어내고 있다.

단테의 생가에서 본 흰종이새를 떠올린다. 가까스로 찾아간 생가는 이끼 낀 돌담으로 둘러싸여 있었다. 눈에 뜨인 것은 석벽에 걸린 단테의 토르소가 아니라 누군가 갓 붙인 것 같은 풀기 머금은 한 장의 흰 종이였다. 그 속에는 유리딱새 같은 오종종한 새 한 마리가 그려져 있는데 금방이라도 물기를 털며 뛰쳐나와 관목 사이로 숨어들 것만 같았다. 새의 크기와 색깔이며 연락처와 그동안 주인이 불렀던 이름까지도 꼼꼼히 적혀 있는 것으로 보아 잃어버린 새를 찾는 내용으로 짐작되었다. 그 신선한 충격에 나는 한동안 말을 잃었다.

없어진 것에 대한 미련은 남게 마련이다. 날아가 버린 새를 어디 가서 찾는다는 말인가. 주인은 새를 찾기 위한 마음으로 종이를 붙이지는 않았을 게다. '심우도' 속의 수행자가 인간 본성을 찾아가듯이 '신곡'에서 잃어버린 자아를 찾는 단테를 닮고자 행한 일이라 여겨진다. 단테가 베아트리체를 잊지 못해 밤마다 어루만졌던 석벽에서 어떤 이는 날아가 버린 새의 온기를 그리워하고 작은 나라에서 온 여행자는 한동안 영감靈感의 새를 찾아서 서성거렸다.

새들의 소리를 들으면 마음의 귀가 열린다. 바다의 산책길에서 만나는 흰하늘새가 매일 아침마다 심상을 두드리는 소리를 들려주지만 나는 그것을 잘 듣지 못한다. 늘 설익기만 한 내 글에는 아직도 고향의 울림과 새들의 소리가 절반도 담겨있지 않다. 하지만, 새를 통해서 글에 눈을 뜨고 또 다른 마음의 울림을 들을 수 있다면 미조迷鳥를 찾아나서는 힘겨운 길몰이를 마다하지 않으려 한다.

하늘을 올려다본다. 그러나 새에게는 길이 없다.

여

* 프롤로그 – 서정주님의 〈무등無等을 보며〉를 읽으며 내 '바다의 무등無等'을 생각하다.

빈처貧妻: 어.머.니.

나보다 더 오랜 잠에서 잠시 깨어나 보셔요. 오늘처럼 잔월이 뒤늦게 핀 꽃을 비추는 밤이면 으레 그날이 생각나곤 합니다. 기억하시는지요. 아득한 옛일이지만 잊을 수 없는 운명의 순간이었지요. 그 사람의 전갈을 받고 담담하게 옷매무시를 가다듬었으나 쉴 새 없이 요동쳐 내리는 가슴을 진정하느라 진땀을 흘렸지요.

빈처의 母: (???)

빈처貧妻: 그는 높고 귀한 주인집 양반이라 소작인의 딸은 눈길조차 마주치기 어려웠어요. 신분뿐만 아니라 열두 살이라는 나이 차이도 간극이 컸었지요. 나를 데리러 온 늙은 행랑아범은 남포등을 정성스레 비춰주며 말이 없었지요. 낮은 흙담 아래서 얼마간의 돈을 몰래 쥐여 주던 북두갈고리 같은 어머니 손을 잡은 것도 마지막 날이 될 줄 예감하지 못했어요.

빈처의 母: (……)

빈처貧妻: 운명은 시작되었어요. 문중 어른들의 눈을 피해 고향을 떠나올 수밖에 없었지요. 재산과 명예를 마다하고 고난의 길을 선택한 사람의 심정이 얼마나 힘든 일인지 가히 짐작할 수 없었어요. 그날은 참으로 먼 길을 걸었어요. 흙밥을 드러낸 겨울 강을 보면서 다가올 계절에는 인연을 풀어내는 봄물 소리를 들으면 좋겠다는 생각을 했지요.

빈처의 母: (∞)

빈처貧妻: 돌이켜보니 마치 모서리가 낡은 오래된 시집을 들여다보듯 눈시울이 침침해져 옵니다. 서정주 시인이 무등의 능선을 보며 가난을 이겨내듯 우리는 서로에게 버팀목이 되어 혹풍을 견뎌야만 했지요.

가난이야 한낱 남루襤褸에 지내지 않는다 / 저 눈부신 햇빛 속에 갈매 빛의 등성이를 드러내고 서 있는 / 여름 산山 같은 / 우리들의 타고난 살결 타고난 마음씨까지야 다 가릴 수 있으랴 / 청산靑山이 그 무릎아래 지란芝蘭을 기르듯 / 우리는 우리 새끼들을 기를 수밖엔 없다.

빈처貧妻: 시골 외딴곳에 집을 지었어요. 울타리 대신 심은 무화과나무의 자주색 은화과가 늦가을까지 짙은 향을 뿜어내었지요. 사방은 넉넉한 들판으로 둘러싸였고 지천으로 피어대던 봄꽃 색이 엷어지면 여름날 개울물 소리는 밤새 이어졌어요. 전기도 흐르지 않는 외진 땅에서 넉넉지 않은 세간에 몸은 고달팠지만 자연과 함께 한 생활은 꿈같은 신기루였지요.

빈처의 母: (!!!)

빈처貧妻: 시간이 지날수록 우리의 삶도 한고비를 넘겨 서서히 온기가 흐르기 시작했지요. 삶의 불땀을 고르는 동안 겨울 강은 다시 봄기운에 녹았고 어미 제비가 알을 품는 계절에 첫아이가 태어났어요. 곧이어 그 아이의 동생도 생겼고 외딴집은 새소리와 아이들 웃음이 어우러져 활기가 돋고 날마다 내어 뿜는 굴뚝 연기는 넉넉한 생의 품을 만들었지요.

빈처의 母: (*^^*)

빈처貧妻: 그런데 둘째아이가 초등학교에 입학할 무렵 아이들의 아버지가 갑작스레 뇌졸중으로 쓰러졌어요. 그때 어.머.니.어.머.니. 하고 마음으로 수없이 불러보았지만 당신의 야윈 가슴이 부각처럼 부서져 내릴까 봐 차마 알릴 수 없었어요. 난생처음으로 새벽 재첩 장사를 시작했지요. 낮에는 삯바느질과 품팔이 등 몸을 사리지 않고 일을 했어요. 그이는 십 년을 병석에 누웠고 어린 딸은 부엌살림과 아비의 병간호를 도맡았어요. 이발과 면도를 멋들어지게 하는 아들도 있었지요.

빈처의 母: (~.~)

빈처貧妻: 그 사람은 떨리는 손으로 저와 아이들에게 붓글씨와 주판 다루는 법을 가르쳐 주었지요. 그러는 동안 제 아이들은 공손한 학동이 되었고, 책력과 만세력 짚는 법 등 세상과 동떨어진 학습법에도 불평하지 않았어요. 아이들은 십릿길을 걸어 읍내 학교에 다니고 호롱불 아래서 책을 보았지요. 사시절 재첩 삶는 비리한 냄새를 맡으며 가난을 가난인 줄 모른 채 아린 세월을 삼켰어요.

빈처의 母: (-.-;;)

빈처貧妻: 그렇게 우리 부부는 이십 년 동안 함께 살았고 결국 그가 먼저 세상을 떠났지요. 그 후의 삶은 꺼져가는 불빛 같았어요. 시인의 말처럼 목숨이 가다가다 농울

쳐 휘여들면 차라리 지아비 곁에 눕겠노라 다짐했어요.

지어미는 지애비를 물끄럼히 우러러보고 / 지애비는 지어미의 이마라도 짚어라 / 어느 가시덤풀 쑥굴헝에 뇌일지라도 / 우리는 늘 옥玉돌같이 호젓이 무쳤다고 생각할 일이요 / 청태靑苔라도 자욱이 끼일 일인 것이다.

빈처貧妻: 청년 시절 동경 유학길에도 올랐던 그는 생전에 혼자 호사를 누려본 일로 제게 늘 미안해하였어요. 이승에서 고생시킨 죄 저승에서 갚겠노라 수없이 되뇌더니 결국 서너 개월의 시차를 두고 채 삭지 않은 손으로 제 손목을 이끌어 이곳까지 데려왔지요.

빈처의 母: (ㅠ.ㅠ)

빈처貧妻: 우리가 연이어 자식들 곁에서 떠난 지 삼십 년이 가까워지고, 어미를 잃고 일주일간 통곡하던 어린 오누이는 이제 중년이 되었어요. 그들은 다시 제 새끼들을 낳아 기르고, 가끔 흐르는 구름을 쳐다보며 그 옛날 남루 같은 가난을 걸치고 있던 외딴집 흔적을 찾곤 한다더군요.

빈처의 母: (^.^)

빈처貧妻: 어.머.니.

내게 운명은 육신과 영혼이 도저히 거부할 수 없는 끈이고, 인연은 벽 너머로 강 너머로 시간 너머로 묵묵히 함께 흘러가는 것이라고 여겨집니다. 죽어 누울 땅 한 평 갖지 못하고 재는 바다 기슭에 뿌려졌으나 우리는 지금 물속에 잠겨 꿈쩍 않는 바위무덤으로 온온히 누웠다고 생각합니다. 간혹 썰물이 지는 날이면 이 바다의 무등까지 달그림자가 얹히기도 하겠지요.

빈처의 母: (∴)

빈처貧妻: 어.머.니.

오늘, 당신이 한번도 본 적 없는 제 딸의 손筆을 빌려 그동안 묻어둔 마음을 조금이나마 풀어놓으려 합니다. 지금은 백토가 되었을 당신에게 뒤늦은 사죄를 올리니 이제 아픔의 그늘 거두어 편히 잠드셔요.

빈처의 母: (Zzz...)

* 에필로그 – 물속에 잠겨 있다가 썰물 때만 물 위에 나타나는 바위를 '여'라고 하듯, 나에게 '여'는 마음이 침잠할 때 드러나 나를 일으켜 주는 어린 시절 외딴집의 기억이다. 나는 매일 아침마다 나의 '여'를 찾아 바다의 무등이 숨은 해안 비탈길을 걷는다.

두터운 봉투

봉투에서 마가린 냄새가 난다. 곳곳에 기름으로 얼룩진 손자국이 남아서 다른 봉투와 섞여 있어도 단번에 눈에 뜨인다. 언제나 그렇듯이 쉽게 그 돈을 가방에 넣을 수가 없어 몇 번이나 만지작거리고 있다. 벌써 구 년째, 달마다 이 돈을 제 날짜에 꼭꼭 받아왔다.

봉투를 받을 때도 남다르다. 어떤 때는 어머니가 굽은 허리를 숙이며 두 손으로 직접 전해주거나, 때로는 대건이가 서랍장 맨 아래 칸에서 꺼내주기도 한다. 그때마다 나는 고개를 낮추어 돈을 받는데 눈을 잘 마주칠 수 없다. 이내 헛기침을 하거나 책장을 재빨리 넘기며 그 어색한 분위기를 모면한다.

대건이는 일주일에 한 번씩 내게 논술 수업을 받는 학생이다.

내가 방문하여 가르치는 학생들 집은 넓은 주택이거나 고급 아파트가 대부분이어서 그들의 집을 들어설 때면 항상 조심스럽다. 엉뚱하게도 수업 내용보다는 벗어놓은 신발이나 입은 옷이 신경 쓰일 때가 많다. 하지만 대건이 집에 갈 때만큼은 뒤축이 낡은 구두나 오래되어 보풀이 진 스웨터를 입어도 마음이 그지없이 편안하다.

대건이 부모님은 시장 앞 육교 근처에서 호떡 장사를 한다. 새벽 네 시 반에 일어나서 밀가루를 채로 치고 반죽하여 온종일 식용유와 마가린을 손에 묻혀가며 호떡을 굽는다. 이십 년째 같은 곳에서 같은 일을 한다. 언젠가 그곳을 우연히 지난 적이 있는데 어머니가 나를 발견하고 친자매 대하듯 반기면서 리어카 앞으로 손목을 끌었다. 그리고는 기다리던 손님들을 제쳐 둔 채 크고 두툼한 호떡을 나한테 먼저 구워주었다. 고소한 내음과 함께 윤기나던 호떡이지만 나는 목이 탁탁 막혀와서 그것을 잘 넘기기 못했다.

그들이 사는 곳은 부산항에서 가까운 변두리 철거민촌이다. 비뚜름한 집들이 낮은 키로 빽빽하게 들어선 그곳에서는 마당 있는 집들을 찾아보기 어렵다. 집터도 낮아 비가 퍼붓는 날에는 바지를 걷어올린 채 골목길을 까치발로 엉거주춤 걸어야 한다. 얼마 후면 철길 옆에 대형 아파트 단지가 들어서느라 이 빈민촌은 곧 헐릴 예정이라고 한다. 기울고 금이 간 벽에 붉은 페인트로 군데군데 철거 표시까지 해 두어서 보기만 해도 흉물스럽다. 그러나 볕이 따스한 계절에는 처마 밑에 둥지를 튼 제비 소리와 흙담 아래 분꽃이 핀 시골 고향집을 떠올려주는 곳이기도 하다.

서너 평 정도의 방 한 개에 화장실이 딸린 좁은 마루가 그들 세 식구의 유일한 쉼터다. 마루 끝에는 싱크대가 넘어질 듯 아슬아슬하게 들어섰으며 반드럽게 닦인 양은냄비가 햇살을 되쏘기도 한다. 이 작은 집에서 대건이는 부모님 리어카 소리를 듣고, 환갑이 가까워진 부모는 늦둥이 외아들의 글 읽는 소리를 들으며 고단한 삶을 이겨낸다.

저녁 수업 중에는 손수레 행렬 소리를 듣게 된다. 노점상 일을 마친 달동네 사람들이 짐을 거두어 싣고 올라오는 울림이다. 대건이는 수업에 열중하다가도 부모님의 손수레 바퀴가 구르면 희한하게도 알아맞힌다.

"우리 리어카예요."

대건이 말 속에는 반가움과 안도의 힘이 담겨 있다. 그 순간 나는 재첩 장사를 마치고 빈 양철 동이를 이고 오던 오래전 내 어머니의 잰 발걸음 소리를 듣는 환청을 느낀다.

이곳에 있으면 시간이 거꾸로 흐른다. 한번은 수업 중에 천장 위로 쥐들이 후두두 지나가는 소리를 들었다. 대건이는 화들짝 놀라며 옳게 쓴 글을 자꾸 지웠다가 고쳐 쓰고 있었다. 그날 나는 내 어릴 적에 호롱불을 켜던 이야기며, 십릿길을 걸어다닌 학창 시절 이야기를 물려주느라 예정된 수업 진도를 다 나가지 못하고 말았다. 특히 시골집 천장을 뚫고 쥐 한 마리 툭 떨어져 혼비백산하였노라는 대목에서는 대건이의 웃음이 함석 패널 지붕을 넘었다.

대건이 어머니는 내게 부탁하는 논술 수업 이외에도 영어와 수

학 수업을 별도로 시킨다. 노점상의 수입으로는 과하다 싶을 정도인데 최소한의 생활비 외에는 모두 아이의 교육비로 지출된다. 많은 어머니가 경쟁과 출세에 비중을 두고 과외를 시킨다면 대건이 어머니는 자식의 독립심을 위한 절박함으로 교육에 매달린다. 늙고, 가진 것 없고, 나이를 예측할 수 없는 부모가 오직 물려줄 유산이라고는 교육밖에 없다고 믿는 것이다. 가난한 어머니가 남기는 그 위대한 유산에 매번 고개가 숙여진다.

나는 가끔 대건이와 눈맞추기를 즐기는 데 순박한 눈에는 깊은 소리가 담겨 있다. 가슴에서부터 눈빛으로 길어 올리는 리어카 소리다. 부모의 마음을 읽을 줄 아는 눈은 봄꽃처럼 맑고 부드러우며 겨울 강의 얼음처럼 깊고 단단하다. 훗날 리어카를 끌던 발소리를 듣지 못하게 되는 날에도 대건이의 마음에서는 수레바퀴 소리가 멈추지 않을 게다.

오늘따라 봉투가 더 두꺼워 보인다. 은행 갈 시간을 놓쳐버린 대건이 어머니는 회비를 맞추느라 만 원짜리와 천 원짜리를 섞어 놓았을 게다. 이만큼 마련하려면 얼마나 많은 호떡을 구워야 할까. 제대로 팔리긴 했을까. 나는 쉽게 셈이 되지 않는다. 어쩌면 봉투의 두께만큼이나 자식과 선생에 대한 믿음을 가지고 있지 않을까. 그러기에 두꺼운 봉투가 아닌 두터운 봉투라 여기고 싶다.

봉투에 코를 대어본다. 마가린 내음과 함께 비릿한 재첩국 냄새가 밀려온다. 리어카 소리가 골목을 울리니 세월의 길을 내려온 재첩 양동이 소리가 마음을 누른다.

돌갗

눈가리개를 벗으니 세상이 눈부시다. 어른거리는 주변의 물체들을 제치고 하얀 천 위에 놓인 콩알만 한 돌에 눈길이 꽂힌다. 그동안 말문을 가로채고 침샘의 길을 막았던 숨은 주범이다.

몰골이 초췌하다. 몸속에서는 제 맘대로 돌아다니며 한시도 나를 편안하게 해 주지 않던 결석이 세상에 나오면서 꼼짝 못하는 신세로 전락하였다. 사리 같은 고매한 품격과는 너무나 먼 한낱 돌조각에 지나지 않는 모양새다. 내가 수행자도 아닌 터에 내 돌은 결석일 뿐, 짝퉁 사리로도 여길 수 없는 일이다. 그러고 보니 돌도 누구를 만나느냐에 따라 격이 달라진다.

얼마 전 턱밑 침샘에 결석이 생겼다. 어줍잖은 사람에게는 아픈 곳이 유별나다. 작은 돌이 입속 통로를 막는 바람에 며칠 동안 목이 부어올라 음식물을 잘 삼키지 못했다. 이미 몇 차례나 악하선이라는 침샘에 결석이 생겨서 고생을 겪어야 했다. 간단한 수술을 서너 번 했는지라 놀랄 일이 아니건만 이번에는 위치가 깊어서 은근히 마음이 쓰였다.

고요 속에 잠긴다.

입 안이 얼얼해져 온다. 두어 방울 마취제가 떨어지면서 감각이 마비되기 시작한다. 표면에 닿은 약의 위력도 대단한데 몽혼약을 넣은 주사기까지 입속 깊숙이 꽂는다. 재갈을 물린 듯 단단히 고정시켜 놓은 혀는 외마디 소리 한번 지르지 못하고 힘준 목에 핏대가 대신 선다. 제구실을 잃은 혀가 돌처럼 딱딱해진다. 그동안 독설과 패설을 내뱉은 마음에게 주는 경고를 혀가 대신 받은 셈이다.

혼미하다. 비릿한 내음이 그나마 제 기능을 하는 코를 스치더니 목울대로 울컥 뜨듯한 액체도 넘어온다. 수족은 묶여있고, 눈가리개까지 덧씌워지니 반식물 인간과 다를 바 없다. 눈과 손발은 무용지물이 되었지만 남아있는 후각과 촉각의 기능을 검사하듯 안도의 한숨을 내쉬어 본다. 청각은 다른 감각 기관이 마비될수록 더 예민해진다고 한다. 수술 기구들이 서걱대는 소리에 신경이 곤두서다 못해 의료진들이 주고받는 이야기의 토씨까지도 놓치지 않는다. 행여 돌을 찾지 못하면 타석이 생긴 근원인 침샘을 제거해야 한다는 그들의 말에 정신이 아득해진다. 입속을 절개해서 작은 돌을 찾는 일이 생각보다 쉽지 않아 시간이 지날수록 입술이 바싹 타들어간다. 점점 동면의 꿈에 빠져든다.

여름이면 자갈이 깔린 개천을 찾아 곧잘 맨발로 걸었다. 물살을 맞고 바람을 안으며 돌 위를 걷다 보면 내가 물이 되고 바람이 되고 돌이 된다. 발바닥에 닿는 까슬한 돌갗의 감촉이 좋아서 개울가 바위에서 한동안 서성이곤 했다. 그 여운은 항상 한두 개의 잔돌을 주머니에 넣어와 책상 앞에 올려놓는 것으로 이어졌다. 그러한 돌멩이는 기묘한 문양이 새겨진 값나가는 자연석이 아니어도 나에게는 사계절 내내 소쇄한 여름의 물소리를 들려주는 기품 있는 수석이 되었다.

돌의 숨소리를 마음으로도 듣는다. 산길을 오르다 보면 간혹 볕살 두터운 오래된 나무 틈에서 이끼로 가려진 돌을 만날 때가 있다. 그 돌을 손으로 만지면 풋솜 같은 땅의 온기와 나무의 향내가 가슴에 담긴다. 석간송이 다시 돌을 품게 되니 돌에도 초월적인 생명력을 지닌 것 같아 경외감마저 느껴진다.

요즈음도 돌을 만지다 보면 세월의 상처가 보이곤 한다. 갯돌이 되기까지 바위는 낮은 시내를 흘러오느라 힘겨운 몸앓이를 했을 게다. 긴 시간 동안 돌과 물이 맞부닥치고 물과 돌이 어우르고 굴려지면 날 선 모가 부드러워지고 성긴 결도 반드럽게 윤이 난다. 모난 돌이 둥글고 유순해지려면 서로 오랜 세월 동안 부딪쳐야 한다. 사람의 마음도 자꾸 부대껴야 다듬어지는 것이 아닐까.

입술과 목을 옴짝달싹하지 못한 채 한 시간째 버티고 있으려니 몸은 화석이 되어가는 기분이다. 안대 속의 힘 잃은 눈동자가 빛을 찾느라 꿈실거리지만 소용이 없다. 힘주어 뻗쳤던 손끝도 기운이 풀리어 맥없이 오므라든다. 힘꼴을 잃은 나와는 달리 입속의 돌은 더욱 유연한 몸짓으로 잘도 피해 다닌다.

큰 돌은 말없이 자리를 지킨다. 그러나 지상에서든 몸속에서든 돌아다니기를 즐기는 작은 돌멩이는 제어하기가 어렵다. 부동의 대인과 달리 잔돌은 쉽사리 몸을 움직이는 소인배랄까. 돌도 제자리가 있듯이 사람에게도 어울리는 저마다의 자리가 있는 법이다. 무던히 기다릴 줄 아는 바위를 닮지 못하고 이리저리 나부대는 작은 돌멩이를 닮은 것 같아서 내 몸은 한껏 더 주눅이 든다.

유체일탈을 한 결석을 손 위에 얹어본다. 수행자가 아닌 보통 사람의 몸에 생긴 돌들은 대부분 의사의 손에 붙잡혀 밖으로 나가게 된다. 가련한 처지라 여기며 자세히 들여다보니 밉상이 사라지면서 정감이 새록 돋아난다. 그동안 개천을 거닐며 주웠던 잔돌이 내 몸속에 자리 잡고 있었던 것은 아닐까. 자갈이 시내의 배경이라면 몸에서 나온 결석도 내 생의 일부라고 여겨본다. 물기 머금은 돌에서 묘약 같은 따스한 기운이 스며 나온다. 침샘을 따라 종횡무진 얼마나 다녔으면 시골 강변에서 주운 돌갗처럼 반들반들하게 보일까.

무명베 위에 오롯하게 자리한 결석을 지켜보며 부대끼어 모나지 않는 마석磨石 같은 사람이 되어도 좋겠다는 생각을 해 본다.

나는 다시 고립무원의 석상이 된다.

혼의 배내옷

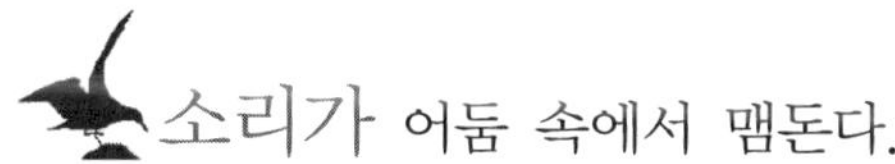
소리가 어둠 속에서 맴돈다.

잘들 가시게 어서 가시게 / 살아생전 나쁜 기억 향탕수로 씻어내고 / 곱디고운 수의 입고 칠성판에 편히 누워 / 고단했던 세상살이 꿈이려니 생각하고 / 어서 가시게 좋은 대로만 가시게 / 죽은 사람을 염하자 / 썩은 세상을 염하자.

세 평 남짓한 소극장 무대이다. 붉게 그려진 북두칠성 병풍이 한가운데 반듯하게 세워졌고, 바닥에는 나무 관 하나가 덩그러니 놓여있다. 한켠의 탁자 위에 칠성판이 보이고 자잘한 소도구들도 널브러져 방금 염습을 끝낸 듯 보인다. 조명을 따라 고개를 돌리니 벽에 걸린 누런 삼베 수의에 눈길이 꽂힌다.

살아가는 것은 옷 갈아입기가 아닐까. 세상에 태어나면 배내옷으로 맨몸을 감싸게 되고, 부부의 연을 맺는 날이면 혼례복을 입고 통과의례를 거친다. 그러다가 죽어서 삼베 수의 한 벌 걸치고 훌훌 떠나는 것이 우리의 인생이다. 어미의 뱃속에서 내어져 배내옷 입고 세상을 만난다면 이승의 마지막 날에는 수의로써 죽음의 성장盛裝을 하게 된다.

죽음과 가장 가까운 곳에 있는 코디가 염쟁이다. '염쟁이 유씨'의 삶을 가만히 들여다본다. 아버지가 염쟁이였고, 그의 할아버지도 염쟁이였지만, 자신은 염쟁이라는 직업이 싫기만 하다. 그렇게 싫어했지만 아버지의 시신을 염하는 것으로 시작하여 평생을 죽은 사람에게 마지막 길동무 노릇을 한다. 산 사람도 하찮게 여기는 세상에서 지극한 정성으로 시체를 닦고 수의를 입히는 그의 손길에 저절로 고개가 숙여진다.

골 파인 주름 사이로 해학이 넘쳐난다. 열 개가 넘는 역을 혼자 소화하는 그는 거침없는 입담으로 광대의 끼를 발휘한다. "죽어석 잔 술이 살아 한 잔 술만 못허다구들 허구, 어떤 이는 개똥밭에 굴러도 이승이 좋다고들 허는데, 사실 죽음이 있으니께 사는 게 귀하게 여겨지는 게여."

염쟁이의 손에 이끌려 관객 몇 사람이 무대로 올라선다. 배역 따라 기자가 되거나, 상갓집 상주 노릇을 하며, 망자의 딸이 되는 시한부 운명도 겪는다. 담배만 뻐끔뻐끔 피워내는 연기를 하고,

유산상속을 받고자 삿대질도 하며, 아이고 아이고 곡소리를 연발한다. 그러면 앉아있던 관객은 구경꾼이 아니라, 문상객으로 또는 망자의 친지로서 자연스럽게 넋배웅에 끼어들게 된다. 관객들을 쥐락펴락하는 그의 넉살로 현실과 연극의 경계가 허물어진다.

인생은 연극이라고 말한다. 연극 같은 인생이 있는가 하면, 현실 같은 연극이 있다. 인생은 현실이고 연극은 허구지만, 진짜와 가짜가 뒤엉켜서 어떤 때는 연극 속의 인물이 더 진지하고 무대 위에서 풀어내는 삶이 더욱 절절하게 느껴지기도 한다.

“죽는다는 것은 생명이 끝나는 거지…… 인연이 끝나는 게 아닌 거 같거든…… .” 염쟁이의 말에 가슴이 저리다. 죽어 땅에 묻혔지만 가슴에 남아있다면 그것은 죽은 것이 아닐 게다. 마음속에서 지워졌을 때 비로소 진짜 죽음인 것이다. 죽음으로써 곁을 떠난 마음을 넋대 같이 붙들고 살아내야만 하는 고통이 얼마나 견디기 힘든 것인 줄 먼저 가버린 사람은 알기나 할까.

죽음을 떠올릴 때 삶이 더 진실해진다. “죽는 거 무서워들 말어. 잘 사는 게 더 어렵고 힘들어.”라는 염쟁이 유씨의 말을 들으며 마음을 추슬러본다. 잘 사는 것은 살아있는 사람에게 정성을 다하라는 것이라고 여겨진다. 산 사람에게 흘리는 눈물이 더 값지다는 것을 유씨는 온 몸짓으로 보여준다.

그러던 어느 날 유씨는 일생의 마지막 염을 하게 된다. 노동현장에서 몸을 날린 아들을 염하는 것이다. 굳은 몸을 정성껏 주무르고 닦아내며 아주 천천히 자식의 몸에 옷을 입힌다. 주검을 싸고 또 감싸는 아버지의 어깨가 조용히 떨려온다. 호곡을 하는 동안 관객들도 상제가 되어 숨을 고를 뿐 말이 없다. 극에 참여했던 한 관객이 망인에게 절을 올릴 때는 흐느끼는 소리가 출렁이듯 객석으로 번진다. 육신과 영혼이 결별할 때 죽음 앞에서 녹여내는 삶의 흔적이 눈물이지 싶다.

아들에게 수의를 갈아입히며 생전에 입었던 옷을 접어 관에 넣는 염쟁이 아버지의 마음은 어땠을까. 입관을 하고 나무못을 치는 아비의 가슴은 피멍으로 얼룩물이 들고 심장은 찢어지다 못해 폭삭 삭아 내렸을 게다. 하지만 아들은 오히려 평온한 죽음이라는 생각이 든다. 첫 배내옷으로 자신을 맞아주던 아버지의 손길을 생의 마지막 순간에 다시 느끼게 되기란 쉽지 않은 일이다. 아비가 여미어주는 수의를 입고서 편안히 길 떠날 수 있다면 이보다 더 행복한 작별이 어디 있을까.

태어나서 처음으로 육肉을 감싸는 것이 배내옷이다. 그렇다면 마지막 육에 입히는 수의는 혼魂의 배내옷이지 싶다. 그동안 이승에서 혼이 걸치고 있던 무거운 육신을 벗어두고 가벼운 삼베 배내옷 한 벌 갈아입고 저승의 삶을 다시 시작하는 것이다. 그러니 수의가 곧 혼의 배내옷이 아닌가.

살아가면서 입는 진정한 생生의 옷은 무엇일까. 아마 육신과 영혼도 도저히 거부할 수 없는 운명이라는 옷이 아닐까 여겨본다.

향 내음이 코를 스친다. 한번 살아봐야겠다.

붉은 길

여름 길은 언제나 붉다. 의령으로 가는 여름 길은 더욱 붉다. 강바람에 흔들리는 배롱나무 꽃무리 사이로 매끄러운 햇살조차 붉은빛으로 되쏜다. 붉은빛은 화려하고 요염하지만 배롱나무의 붉은색에서는 기품마저 느껴진다. 석 달여 동안 꿋꿋이 꽃대를 밀어올릴 나무의 성품은 붉다 못해 혈기로 곧다. 배롱나무 앞에서는 가뭄이나 폭염조차 기운을 삭힐 듯하다. 우직한 장수의 붉은 단심이 배롱나무 꽃으로 피어나고 있다.

시대는 영웅을 만든다는 말이 있다. 매미 울음이 여름을 만드는지 여름이 매미울음을 만드는지 알 수는 없지만, 영웅은 결코 울음소리에 숨어 있을 수가 없다. 선비가 칼을 뽑은 것이다. 선비는 원래 붓으로 싸우고 무인은 칼로 싸운다. 붓은 평화 시절에,

칼은 난세에 필요한 연장이지만 나라를 사랑한 진정한 인물은 붓과 칼을 함께 사용할 수 있어야 한다. 그 원칙은 예나 지금이나 다를 바 없다.

사람들이 그를 홍의장군이라 칭하였다. 백마를 타고 홍의를 날리며 싸우던 그는 왜병에게 귀신 같은 존재였지만 조선 백성에게는 신 같은 존재였다. 그는 단순히 용기만 가진 인물이 아니라 지혜도 겸했다. 똑같은 홍의를 입힌 매복병들을 왜군이 지나는 길목에 배치하여 교란을 꾀하기도 했다. 그가 이끄는 의병 전투는 승전이 이어졌는데 무엇보다도 붉은 옷의 몫이 컸다. 장수의 위엄과 애국심이 붉은빛으로 나타났으니 어찌 적이 두려워하지 않았겠는가.

배롱나무 붉은 길 사이로 남강변이 눈에 들어온다. 정암진 나루가 있는 곳이다. 정암진은 물이 워낙 깊은 데다 얕은 곳은 진창이어서 당시 왜병은 마른 곳으로 강을 건너고자 곳곳에 말뚝을 세워놓았다. 장군이 이를 간파하고 말뚝을 엉뚱한 곳으로 옮겼고 이에 속은 적은 진창에 발이 묶이게 되었다. 수풀 속에 매복한 의병들의 공격에 적장은 그날의 대패를 두고두고 후회하였다고 전해진다. 굽이쳐 흐르는 남강을 바라보니 서릿발 같은 호령소리가 아직도 남아있는 듯하다.

정암진 전투의 대승에 장군은 징과 꽹과리를 치며 횃불을 높이 들었다. 마치 처용무를 추듯 붉은 도포 자락을 휘날리면서 홍의의 승전무를 베풀었지 싶다. 당당한 징 소리에 적의 사기는 떨어지고 장엄한 호기에 감히 근접하지 못했을 게다. 고려인이 처용의 화상畵像으로서 잡신을 물리쳤듯이 의령 사람들은 홍의장군의 기상을 철옹성으로 여겼기에 난국을 버틸 수 있지 않았을까.

의령천 길가에는 백일홍이 양옆으로 피어 있다. 나는 여름에 이 길을 찾은 것이 너무나 다행이다 싶다. 그 길을 지나 충익사로 들어서는 입구에서도 붉은 배롱나무가 이방인을 맞아준다. 홍의장군의 명령을 받은 병사인듯 하여 반갑기 그지없다. 손끝에 닿은 붉은 기운이 온몸을 감싸준다. 여름 오후라 내방객이 없어 한적하기 이를 데 없다. 전시관 전면에 붉은 도포를 입은 장군이 백마에 앉아 있었다. 기마상의 위용 넘치는 모습과 함께 "논공행상은 논하지 말라."라고 유시한 내용이 귓전을 메운다.

그때 칠십 노인 한 분이 내 곁으로 다가왔다. 구경꾼인가 하여 별 관심을 두지 않았지만 알고 보니 그는 이곳 문화해설사였다. 그분은 무엇보다 기마상도의 신비한 현상을 설명해 주고 싶어 했다. 바닥에 그려진 노란 선을 따라 다녀보라고 했다. 그가 일러준 대로 장군의 초상화를 마주한 채 발걸음을 앞뒤로 옮겼다. 그런데 이게 웬일인가. 장군이 탄 백마의 눈이 나를 따라 움직이는 것이 아닌가. 착시 아닌 착시현상이 방문객의 마음을 옭아맨다. 충혼은 죽어서도 살아 숨 쉬는 것일까. 아니면 내 마음속에 나라를 생각하는 마음이 조금이라도 있는가 지켜보는 눈길은 아닌지. 두렵기도 하고 경외롭기도 하다.

한때 조정은 그를 외면하였다. 눈을 부릅뜨고 나라를 지켰는데 병기 도적으로 몰린 것이다. 눈먼 사람들 속에서는 눈 뜬 사람이 제구실을 못하게 마련이다. 끝내 장군을 죽이라는 방까지 붙었다. 사필귀정이라 누명은 벗겨졌으나 그의 가슴에는 전쟁보다 더 큰 상처를 안게 되었다. 거짓말이 귀를 어지럽히는 세상을 한탄한 채 임금의 허락 없이 군영을 떠났기에 귀양살이도 비켜갈 수 없었다. 2년간 유배 후 고향에 돌아온 장군은 망우정이란 정자를 짓고 그곳에서 말년을 보냈다. 세상의 근심을 잊는다는 정자 이름처럼 세상을 잊는다 하였지만, 어찌 나라의 안위를 걱정하지 않을 수 있었을까. 영창대군을 신구하는 상소문을 올린 이유도 곧은 성품 때문이 아닌가 싶다.

충익사를 나오는 발걸음이 느려진다. 한 그루의 배롱나무가 눈에 뜨인다. 연못 속에도 붉은 그림자가 드리워져 있다. 당당히 서서 횃불마냥 진홍빛 꽃을 피워 올린 나무는 한 그루이지만 내 마음에서 두 그루로 새겨진다. 한 그루는 장군의 행적이고, 다른 한 그루는 장군의 일깨움이다. 그렇게 생각하니 그 나무 곁을 쉬이 떠날 수 없었다.

돌아오는 길에도 붉은 가로수가 가지를 흔든다. 배롱나무 꽃말은 '떠나간 벗을 그리워한다.'라고 한다. 의령에는 유독 배롱나무가 많다는 생각이 든다. 분명히 군민들은 배롱나무 가로수를 심으면서 홍의장군의 생애를 생각하였을 것이다. 나에게 장군을 소개해 준 초로의 해설사조차 배롱나무에서 뜨거운 의분을 생각하였을 것이다. 그러니 이곳의 배롱나무는 홍의병목紅衣竝木이다.

부산이 가까워져도 붉은 길이 눈에서 사라지지 않는다. 다른 나무 가로수가 왜 없지 않을까마는 어느덧 내 눈에는 배롱나무만 보인다.

종로를 걷다

서두르지 않는다. 천천히 걷다 보면 구름 품은 하늘도 눈에 담고 휘도는 바람결도 안을 수 있으며 잊었던 목소리도 듣게 된다. 과거가 묻어 있는 길은 연緣의 낚싯대를 드리운 기억의 강줄기다. 그 길줄기를 따르면 시인을 만나고 옛 친구를 만나고 지나간 날들의 잔상과도 조우한다.

서울을 가면 자주 찾는 곳이 있다. 숙명처럼 여기면서 발걸음이 앞서는 곳은 광화문에서 동대문까지 이어진 종로통이다. 종로는 내가 이십대 때 직장일로 스무날쯤 머물렀던 길이기도 하다. 처음 걸어본 서울길은 반듯하고 평평했으나 딱딱한 새 구두를 신을 때처럼 불편했다. 그 낯섦은 지금까지 계속되지만 오래 걸을수록 걸음은 느긋해져서 고향 마을 저잣거리까지 닿을 것 같은 환상에 가슴이 떨리기도 하다.

보신각을 지날 때면 비로소 종로鐘路라는 이름이 실감난다. 철종 때 문인 정수동의 일화를 떠올리면 발걸음은 더욱 유쾌해진다. 성문을 여는 종은 파루라 하여 새벽에 치고 밤 열 시께는 통행을 금지하는 인정을 쳤는데 이를 어기면 경수소에서 하룻밤을 보내야만 했다. 하루는 그가 술에 취해 집으로 가는 길에 인정을 쳐서 꼼짝없이 통행금지에 걸리게 되었다. 골목길에서 순라꾼과 맞부딪힌 정수동은 다급하여 담장에 팔을 쫙 벌리고 붙어섰다고 한다. 순라꾼이 "누구냐?"라고 하자 "나는 빨래요." 하는 답을 했다. "빨래가 어떻게 말을 하는가?"라는 물음에 "하도 급해서 옷을 입은 채 빨아서 이렇게 되었소."라고 하였더니 순라꾼이 낄낄 웃으면서 지나쳐 버렸다고 한다. 정수동의 재치와 순라꾼의 여유가 묻어나는 종각 앞에서 세월의 바람 소리를 귀로 들으면 그때의 인정 소리가 마음에서 울려온다.

30년대 종로 명물은 소설가 구보 씨와 시인 이상이 으뜸이다. 단짝인 두 사람은 기이하고 멋진 행색으로 종로 큰길을 활보한 모던보이로 유명하다. 구보 박태원은 두 줄 단추 저고리에 굵은 대모테 안경을 쓰고 요즈음 여학생들 뱅머리 같은 갑빠머리로 이마를 수북이 덮었으니 유행의 길라잡이가 틀림없다. 이상 또한 짚북데기 머리를 하고 창대 수염에 사철 백구두를 신고 득의만만하게 걸었다. 오늘날 유행에 견주어 봐도 뒤지지 않을 그들의 희한한 복장에는 포복절도하지 않을 수 없다. 하지만 경성 제일의 문호인 두 사람도 당시 신작로를 때리던 모던걸들의 뾰족굽구두 소리에는 심장이 화들짝 멈추지 않았을까.

광화문에서 인사동으로 갈 때는 피맛골을 기웃거린다. 이곳은 조선시대 종로통을 오가던 서민들의 뒷골목이다. 고관의 행차 때마다 평민들은 땅에 머리를 박고 있어야 할 판이어서 꼴사나운 양반의 말을 피해 다녔다던 길이다. 벼슬아치들이 가죽신에 말을 타고 허세를 부릴 때 맨발에 짚신을 감고 걷던 민초들의 땅이다. 얼마 전까지 밥집과 해장국집과 외벽의 옴팡집들이 길게 늘어섰던 곳, 술꾼들의 속을 달래주고 가난한 문인들이 풍성한 문학담을 풀어놓던 곳이다. 하지만, 개발의 바람이 불어 피맛골은 이제 옛 지도에 이름으로만 남게 되었다. 현대식 위용이 민중의 길을 밀어내게 된 셈이다.

직립보행을 한 고대인이 되어 도시의 샛길을 걷게 되면 기억은 고향길로 닿는다. 내가 '종로'라는 지명을 좋아하는 이유 중 하나는 고향에도 '종로길'이 있어서이다. 오일장이 서는 김해 동상동 일대를 종로길이라 부르는데 요즈음도 자주 찾아가는 길이다. 고향 종로길을 걸으면 함께 초등학교에 다녔던 친구들 이름을 읊조리는 까무잡잡한 시골 소녀가 된다. 호야, 미선, 웅이, 미야, 영말 그리고 대경, 상희, 말남……. 장터 선지국밥 냄새를 맡고 가설극장의 포스터를 구경하느라 어지러이 찍은 작은 발자국들이 이제는 각자 마음길에 화석으로 남아있을 테다. 결국, 걷는다는 것은 마음을 뒷걸음질하여 기억에 머무르는 일이다.

고향의 종로길은 아버지의 낡은 자전거길이기도 하다. '종로'라는 지명은 선친의 이름자인 '종록鐘錄'과 발음이 유사하다. 아버지는 생전에 당신의 이름자에 대한 애정이 남달랐다. '쇠북 종鐘' 자를 소리 낼 때는 혀에서 종소리 울리듯 해야 깊은맛이 난다고 했다. 당시에는 건들마에 여우비 흘리듯 지나쳤는데 세월이 지나면서 은근히 아버지의 유별난 고집에 동참하게 되었다. 종로만 생각하면 "종鐘-로, 종鐘-로……." 하고 되뇌어 보는 습관이 생겼다. 그러면 고여 있던 쇠북 종 한 음절이 이제야 길어 올려져서 그 섧은 소리에 가슴이 베인다.

이방인이 되어 종로를 걷는다. 길 위에 놓인 그림자가 하나 둘 겹쳐진다. 정수동의 발소리가 얹히고 구보와 이상의 멋진 자태가 바람 소리와 함께 일렁인다. 고향 친구들의 목소리와 아버지의 덜컹대는 자전거 소리도 가까이 들려온다. 옛길이 오늘에 이르고 작금의 길이 과거로 흐르는 뫼비우스길 위에서 나는 이들과 함께 걷는다. 더 이상 이방인이 아니다.

걸음이 느릿해진다.

수필가의 변

시인은 근사하다. 이름부터 근사하다. '시인'이라는 단어를 입속에 넣어보면 꽈리알처럼 부드럽게 굴려지고 장미꽃잎 같은 향긋한 향기가 우러나온다.

시인의 꿈, 시인의 길, 시인의 섬, 시인의 마을, 시인과 촌장, 시인을 찾아서…….

어느 단어와 짝지어도 그럴싸하게 어울린다.

그러나 수필가는 호칭부터 거칠고 딱딱하다. 수.필.가. 하고 불러보면 토막말처럼 소리에 각이 생기고 음절 마디가 뚝뚝 걸리는 게 마치 덜 익은 보리밥을 씹는 듯 입안이 까끌해진다. 짐짓 시인 흉내를 내어보고자 수필가라는 말 뒤에, 수필가의 힘, 수필가의 집, 수필가의 언덕, 수필가의 노래, 수필가의 편지…… 등 꽤 괜찮은 단어를 붙여 봐도 시인만큼 폼 나지가 않는다. 심지어 유행가 가사에도 시인이라는 말은 넘쳐나지만 수필가는 찾아보려야 찾아볼 수가 없다.

그뿐인가. 종합문예지 차례를 훑어봐도 수필은 시의 앞자리에 앉지 못한다. 시, 소설, 수필 순으로 목차가 엮이는 게 관례처럼 되어 있는 지라 수필은 항상 책 후반부에서 얌전하다. 그러기에 수필가라면 수필이 한번쯤 독자들과 먼저 눈맞춤이라도 했으면 하는 욕심이 생기게 마련이다.

나도 그런 허세를 부리고자 시도한 적이 있다. 내가 편집 일을 맡은 동네 문학지에 두어 번 시와 수필 자리를 슬그머니 바꿔놓은 것이다. 책장을 넘기면 수필이 먼저 떡하니 자리를 차지하고 있는 게 여간 신통해 보이지 않았다. 그러나 번번이 편집위원이나 발행인의 눈에 덜미가 잡혀 다시 제자리로 밀려나기 일쑤였다. 그럴 때면 마치 어린 시절에 달리기를 하다가 바통을 놓쳐 등수에 들지 못한 것처럼 억울했다.

수필가는 외양부터 시인에게 수가 뒤진다. 문학 행사장에 들어서도 챙이 넓은 모자에 커다란 코사지로 멋을 부렸거나, 명주 머플러를 두르고 붉은 손톱물을 든 손을 흔드는 문인들은 대부분 시인이란 이름표를 달고 있다. 그들의 웃음은 자신감이 넘치고 낭송하는 목소리도 성우마냥 곱다.

반면에 수필가는 어찌해도 구별이 된다. 검정이나 갈색 또는 회흙색 옷차림을 하고 구두굽 소리를 낮게 내거나, 유행이 지난

목도리를 두르고 투박한 손가방을 든 채 구석 자리를 찾는다면 그 경우는 십중팔구 수필가다. 게다가 서로 생각하는 방향도 다르다. 시인은 꿈을 노래하고 수필가는 현실을 이야기한다. 시인은 꽃 피는 소리를 듣고 수필가는 꽃 지는 자리를 본다. 그래도 시인과 수필가는 문인이어서 서로가 통한다.

시인이라는 이름은 누구에게나 근사한가 보다. 내 가족이나 친척도 예외가 아니다. 일전에 모처럼 만난 친척 언니에게 내 글이 실린 동인지 한 권을 전한 적이 있다. 평소 내가 수필 쓰는 것을 모르던 언니는 활자로 찍힌 내 글의 내용보다는 단단한 약력을 가진 동인들과 나란히 내 사진이 책장 속에 있다는 사실이 더 신기했던 모양이다.

그 후 언니는 나를 다른 사람들에게 소개할 때마다 "우리 시인 동생이, 우리 시인 동생이……."라고 서두를 꺼낸다. 내 의지와는 상관없이 '부산 동생'에서 '시인 동생'으로 격상된 것이다. 나는 화들짝 놀라서 "수.필.가, 수.필.가." 하며 귀엣말로 언니의 허리를 찔러댔지만 언니는 그때마다 모른 척 했다.

"시인이 발음하기 더 좋구마."

이 말이 언니의 변명이니 더는 정정을 포기할 수밖에.

고인이 된 박완서는 "시인의 꿈은 가슴이 울렁거리는 사람과 만나는 거다."라고 했다. 그렇다면 수필가의 꿈은 무엇일까. 흩어진 꿈 조각들을 모아 가슴 울렁이는 한 편의 글을 엮는 것은 아닐는지.

그러기에 나는 진정으로 수필가를 사랑한다. '수생수사隨生隨死'를 외치며 외길을 걷는 어느 선생님을 끔찍이 존경하고, 수십 권의 수필 이론서를 저술한 노老선생님을 경배하며, 낮고 작고 보잘것없는 것에 눈길을 주어야 한다는 나의 수필 스승에게도 고개 숙인다.

그러나 무엇보다 한 편의 글을 쓰기 위해 장소와 계절을 가리지 않고 발품과 손품을 파는 무명의 수필가에게 가장 큰 박수를 보내고 싶다. 수필가라는 이름이 발음하기에 좋지 않더라도 수필을 향해 백두옹처럼 허리 낮추는 일만큼 멋진 일이 또 어디 있으랴.

제4부

바람의 현絃

뽕짝 인생

요즈음 뽕짝에 취해 산다. 신곡 악보는 물론이거니와 주말 텔레비전 프로그램에 나오는 트로트 가수의 히트곡까지 줄줄이 꿰어내려고 한다. 자동차에도 그동안 듣던 영어 테이프를 트렁크에 밀어 넣고 뽕짝 테이프로 전면 교체했다. 그러다 보니 삶이 뽕짝이 되고 뽕짝 가사가 내 삶의 언저리가 되어 버렸다.

얼마 전까지만 하더라도 뽕짝은 신파적이고 진부하여 함량 미달의 음악성을 가졌다고 스스로 단정했다. 가수들의 율동과 관중의 반응도 촌스러워서 때때로 눈살을 찌푸렸다. 거나하게 취한 중년 남자들이 술판에서 비틀어대는 노래, 아줌마들이 관광버스에서 몸 흔들며 소리쳐야 제격인 노래라고 여겨왔다. 그저 나에게는 직설적인 가사와 단조로운 멜로디의 대명사였다. 그렇다고 딱히 잘 부르는 뽕짝 한 곡도 없으면서 배워볼 요량 한번 내어보지 않았다. 굳이 시간까지 투자하면서 뽕짝 나부랭이를 배우는 것은 통스러운 일이라며 허세를 부렸다.

그러다가 일이 터졌다. 연말이 되면 몇 군데 송년회를 부득불 가게 되는 데 지난 연말에는 아주 특별한 모임이 있었다. 베트남에서 이십여 년간 생활하던 고향 선배의 귀국 환영회였다. 그 선배는 모 영화배우를 연상케 하는 외모에 유머와 위트는 물론, 민요와 트로트를 넘나드는 노래 솜씨까지 거칠 것이 없었다. 초등학생 때 통기타를 치며 '홍콩 아가씨'를 간드러지게 불렀던 사건은 지금도 모임 때마다 회자하곤 한다. 사춘기 시절에는 뭇 여학생들의 흠모 대상이 되곤 했는데 그 속에 나도 끼어 있었음은 굳이 고백하지 않아도 알 만한 친구들은 다 아는 사실이다.

재회의 장소에서 뒤풀이는 빠질 수 없는 법. 문제는 노래방에서 시작되었다. 외국 생활을 오래 한 선배는 뽕짝을 무척 선호했다. 뽕짝에는 고향 냄새가 난다고 했다. 어머니의 목소리도 담겨 있고 애틋한 첫사랑과의 추억도 묻어 있으니 뽕짝이야말로 향수를 달래주는 명약이라고 추켜세웠다. 모두 저만의 18번을 찾기에 여념이 없었다. 내가 우물쭈물하던 사이에 평소 '찜'해 놓았던 뽕짝 두어 곡이 어느새 선창되고 말았다. 낭패감으로 닭 쫓던 개의 상을 하고 노래책을 뚫어지라 쳐다봐도 나를 구제해줄 곡은 쉽게 튀어나오지 않았다. 마지못해 친구들이 추천한 곡을 애써 불러보았으나 반응은 시큰둥했다. 그날 나를 비켜가는 선배의 눈빛이 섭섭하여 지난 연말은 오래도록 우울했다.

누구나 새해 계획은 화려하다. 신년 계획이라는 것이 시작은 야단스러우나 끝은 대부분 쭉정이로 전락하기 일쑤이다. 올해는 시월지계十月之計가 십년지계十年之計까지 이어질 수 있도록 단단히 마음을 먹었다. 몇 가지 작심한 목록을 냉장고 문에 크게 붙여놓고 수시로 마음을 다지는데, 그중 하나가 '뽕짝 30곡 배우기'다. 중년의 나이에 접어드니 신곡 발라드나 유행하는 댄스곡은 발음도 어렵고 도무지 정서에도 맞지 않다. 이왕 시작할 바에 뽕짝으로 일장월취하여 기회가 되면 도전장을 내기로 했다.

몇 개월째 뽕짝과 동거 중이다. 아예 악보 노트를 가방에 넣고 다닌다. 몰래 펼치는 악보에는 혼자만의 암호가 숨어있다. 돌체, 안단테, 칸타빌레, 스타카토 등의 음악전문용어와는 거리가 멀다. 찍기, 뿌리기, 던지기, 내려앉기, 말아 올리기 외에도 확 끌어안기, 빠질 듯 말 듯 물수제비뜨듯이 등 나만이 아는 댓글이 빼곡하다. 모래 위의 새 발자국처럼 찍힌 부호들은 나름대로 내 노랫길을 도운다.

노래교실에도 몇 번 나가 보았다. 일백 명이 넘는 아줌마 부대가 일사불란하게 목소리를 꺾고 멈추고 휘감으며 뽕짝 물결을 만들고 있었다. 잔물결처럼 음색이 고였다가 때로는 폭우를 쏟아내듯 토해내는 성량이 교실을 흔들어 댔다. 하나같이 "나 행복해 죽겠소."라는 넉넉한 표정을 짓고 있었다.

희한한 일은 그게 아니다. 뽕짝이 입에만 덜컥 붙은 게 아니라 마음자락까지 헤집고 들어와 떡하니 자리 펴고 앉은 것이다. '종이배'를 부를 때 '당신이 길이라면 내가 가야 할 길이라면 내 모든 걸 다 버리고 방랑자가 되오리다'라는 가사의 절절함에 목이 메었고, '여자는 왜'에서 '떠나는 남자는 추억이 되고 남은 여자는 왜 과거가 되나요'라고 호소할 때는 그 대목에 반하여 꼴깍 잠길 뻔했다. '떠날 수 없는 당신'은 또 어떤가. '나를 너무 모르시는 당신이여' 하고 외치는 첫 구절부터 가슴을 쓸어내렸고 김수희의 '화등花燈'은 제목부터 발목을 잡더니 '사랑의 이불자락을 소롯이 덮어주고'라는 시적 묘사에 그저 주저앉을 뻔했다.

뽕짝 속에 등장하는 '당신'도 여러 가지다. '넝쿨째 굴러온 당신'을 비롯하여 '내 안에 콕 박힌 그대'도 있고 '내 마음의 연인', '초면에 정든 사람'도 있다. 그러한 '당신'은 '칼피스 향'처럼 신선해서 '이 세상에 그 무엇도 쨉'이 안 된다. 야속한 '당신'에게는 '사랑한다고 왜 말을 못해요' 따지기도 하고 '하필이면 왜 내가 너를'이라 응수하며 '가라 가라 가라지' 소리치고 고개를 홱 돌릴 수도 있다. 때로는 '울지 마라, 약한 남자여' 위로라며 '한 잔 술에 데낄라' 잔을 들고 '인생살이가 고추보다 맵다 매워'라며 잠시 긴장을 놓아도 된다. 노래 한 곡마다 '당신'을 취하기도 버리기도 하니 뽕짝 인생은 눈치 볼 사람 없어 속이 다 시원하다.

나에게도 노래 부를 기회를 준다면 못이긴 척 그동안 닦은 실력을 한번 발휘해볼 텐데 막상 그런 기회는 좀처럼 오지 않는다.

하지만, 가슴 한자락 팍 무너질 일 있어도 이제 뽕짝 노래에 마음 기댈 수 있으니 감사천만한 일이다.

장윤정의 '첫사랑'이 흐른다. 차 안이 쾅쾅 울리도록 볼륨을 높여본다.

가을이 없는 들판

책갈피에서 가을 소리가 들린다. 글의 씨앗이 뿌리를 내린 땅이 책이다. 작가는 글로써 농사를 짓는다. 종이 위에 글감의 씨를 묻고, 가을이 오도록 하염없이 귀를 열어둔다. 그래서 글자가 찍힌 책장은 농부의 땅처럼 황토색이다.

책 사이마다 소리가 들어 있다. 작가의 숨소리가 점점이 돋아나 활자로 일어선다. 나는 책장을 넘길 때마다 글잎이 흔들리는 것을 느낀다. 글줄기가 행간을 메우면 밤낮을 지새운 작가의 발소리가 들린다. 지극정성으로 가꾼 글줄기가 계절을 건너 와르르 쏟아진다. 글의 알곡. 그 풍요 속에 사계의 소리가 어울려 진다. 그러기에 책 한 권을 쥐는 것은 만사의 이치를 얻는 것과 같다.

책에 풍요의 소리가 담겨 있다면 밥에는 풍요의 향기가 담겨있다. 한 그릇의 밥에서는 사시절 꽃이 핀다. 진달래가 흐드러지면 볍씨를 담그고 감꽃이 맺히면 못자리를 고른다. 대추꽃이 필 때 시작한 모내기가 밤꽃과 치자꽃으로 이어지고, 벼가 품은 흙냄새는 여름 벌판을 물들인다. 벼꽃이 지고 볏대를 흔드는 알곡 소리가 나면, 여문 이삭은 고개를 숙인다. 그때쯤이면 황톳빛이던 농부의 등거리가 묵은 책갑처럼 거무튀튀하게 바뀌어 진다.

땅과 밥 사이에 농부가 서 있다. 곡식의 풍요는 한 움큼 나락에서 시작한다. 수확 때 매달아둔 볍씨를 보면 땅심을 보듬으려는 농부의 마음이 떠오른다. 한 포기의 벼가 쌀이 되기까지 정성으로 길러내고, 겨울 끝이면 쟁기질로 한 해 농사를 시작한다. 그는 곡식을 가꾸는 것이 아니라 땅을 가꾸는 것이다. 한 알 한 알의 밥 알갱이는 농부가 흘린 땀의 정수다.

그러고 보니 농부가 작가이고, 작가가 농부다. 작가는 글과 마음을 잇고, 농부는 땅과 하늘을 잇는다. 작가는 책을 만드는 것이 아니라 글을 다듬고, 농부는 쌀을 만드는 게 아니라 땅을 돌본다. 하지만, 사람들은 겉모습에만 눈길을 준다. 책 표지에 관심을 기울이고 누런 들판에 감탄한다. 그들의 숨은 손길과 땀내를 알지 못한다. 그럼에도, 작가와 농부는 경작을 멈추지 않는다.

풍요에는 부작용이 생겨나기 마련이다. 책도 땅도 예외가 아니다. 책이 쏟아지다 보면 작가는 천덕꾸러기가 되고, 쌀이 넘치면 농부는 천대받게 된다. 영화관과 대형마트가 자꾸 생기지만, 서점이 없어지고 들판은 줄어든다. 커피 한 잔이 밥 한 그릇보다

비싸고, 케이크 한 조각이 쌀 한 되와 맞먹는다. 도심의 소중한 문화공간이었던 대형 서점이 삼십 년 역사를 마감하고 나서야 발을 동동 구르고, 배춧값이 열 배 이상 천정부지로 치솟아야만 흙을 귀히 여긴다. 풍요가 사라질 때 비로소 진정한 풍요가 보이는 모양이다.

내가 자라던 시절에는 풍요라는 말이 없었다. 굶주림과 헐벗음을 면하는 것이 누구나 바라는 하루하루의 생활조건이었다. 막걸리가 풍기는 텁텁한 냄새, 콩나물시루에서 물 떨어지는 소리, 고두밥에서 피어오르는 따뜻한 온기. 이런 것이 의식주의 기대치였다. 당연히 책도 부족했다. 손때 묻은 몇 권의 책과 빌려온 책 한두 권만 있어도 마음이 며칠 내내 넉넉했다.

그러나 요즈음 사람들은 책에 묻혀 살고 있다. 처세술, 협상전략, 돈 버는 법, 다이어트 비법, 여행 길라잡이 등의 서적이 책장에 빼곡하고, 은행과 지하철 심지어 자동차 서비스센터까지 책을 전시해 놓았다. 웬만한 가정집 서재는 쌈지 도서관을 방불케 한다. 하지만, 사람들은 책 속에서 풍요를 찾으려 하지 않고 책을 모으는 양적 풍요만 찾으려고 애쓴다.

풍요에 대한 의미도 달라졌다. 풍요의 근대화를 거치면서 어느 날 갑자기 대량소비가 다가왔다. 명품 핸드백을 들고, 수백만 원짜리 그림을 사고, 외제 자동차를 탄다고 풍요한 것일까. 그것들을 지키려면 더 많은 시간과 돈을 들여야 하고, 더 비싼 물건에 욕심부리게 된다. 필요하지 않은 것까지 소유할 정도라면 풍요가 아니라 허세다. 우리는 헛되고 지나친 것에서 풍요의 의미를 찾으려고 한 것은 아닐까. 가진 자의 욕심이 못 가진 자의 가난을 더 늘린 것은 아닌지 뒤돌아봐야 한다.

문득 변 사또의 생일상이 생각난다. 춘향이에게 수청을 거절당한 변 사또는 생일날 각 고을 수령들과 기생들을 모아놓고 거나하게 상을 차렸다. 마침 암행어사 출두한 이몽룡이 말석에서 술 한 잔 얻어먹고 "금잔의 맛 좋은 술은 천 백성의 피요, 옥쟁반의 기름진 안주는 만백성의 기름이라."며 타락한 관리들을 나무랐다. 어찌 보면 이때 읊던 금준미주시金樽美酒詩는 오늘의 풍요와 허상을 질타한 첫 계몽시가 아닐까. 그 이유는 수확을 이루기 위해 흘린 땀을 잊었기 때문이다.

오늘날 작가의 꿈과 농부의 꿈은 모두 버림받았다. 화려하고 요란한 것들을 눈요기하지만, 소박하고 걸진 맛은 알려 하지 않는다. 그러나 작가는 책이 팔리지 않아도 글을 쓰고, 농부는 쌀값이 내려도 농구를 챙기고 씨를 뿌린다. 풍요의 약속이 없어도 그들은 가을을 꿈꾼다.

오늘도 나는 가을 소리를 찾아 한적한 책방 문을 열고 들어선다.

바람의 현絃

나무가 허물을 벗는다. 조락의 계절을 못 이긴 둥치가 연어 비늘 같은 껍질을 떨어뜨리며 민둥한 속살을 드러낸다. 잎은 푸른데 잔설을 휘감은 흰 몸피가 주위의 오죽과 대비되면서 눈을 시리게 한다. 덩달아 술대를 스치는 바람이 잔가지를 파르르 흔들면서 음색 고운 거문고 소리를 낸다.

지금 내가 우러러보고 나무가 나를 내려다보는 곳은 밀양의 호젓한 남천강변이다. 밀양역에서 한 시간 남짓 에돌아 월연정의 백송을 찾아온 길이다. 첫눈에도 처연한 백송은 세월을 죽이며 누구를 애타게 그리워한 듯 허리가 굽어 있다. 연약한 몸짓은 금방이라도 강물에 몸을 던지려는 듯 위태롭기만 하다. 청령포의 관음송과 예산의 추사 고택에 있는 백송이 반반한 평지에 당당하게 버티고 있다면 월연정 백송은 가파른 석벽에 몸을 간신히 붙인 채 바람을 맞는 형국이다. 강바람은 오죽 차가운가. 그 숨겨진 세월은 얕은 눈어림으로는 가히 짐작할 수 없는 일이다.

흰색에는 고고함이 배어 있다. 백록이 그러하고 백학도 마찬가지다. 백송은 어릴 때 푸른 껍질을 가지지만 수령이 더해지면 하얀 몸피를 지닌다고 한다. 기품 있는 흰머리를 얹은 사람과 마찬가지다. 세월의 덧옷을 입은 성스러운 백발 줄기에서 무명옷으로 수절하는 가녀린 여인의 자태가 떠올려진다. 푸른 솔에 열사의 절개가 깃들어 있고 군자의 덕이 묻어난다면 흰 소나무에는 여인의 향기가 숨어 있겠다 싶다. 나무가 세월 따라 모습을 달리하는 것은 어쩌면 나름의 아픔을 삭이기 때문이라고 여겨진다.

나무도 인연을 만든다. 사람과 사람 사이뿐만 아니라 나무와 사람 사이에도 애틋한 애정으로 맺어진 연緣이 생겨난다. 관음송에 귀 기울이면 단종의 애련이 오백 년을 거슬러 들려오고, 추사 백송에 다가서면 김정희 선생의 묵향을 맡을 수 있게 된다. 이곳 월연정 백송은 누구와의 인연을 잊지 못해 잔가지를 흔들어 애잔한 바람소리를 내고 있을까.

백송의 가지 끝이 월연정 팔작지붕을 향하고 있다. 부연 끝이 하늘을 향해 휘어졌고 솟을각이 아직도 꼿꼿하지만 빛바랜 기와지붕과 퇴락한 정자의 툇마루는 늦가을 마른 잎처럼 허하게만 보인다. 회칠이 벗겨진 대들보에는 길손의 손자국이 남아 그나마 매끈한 빛을 낸다. 이끼 낀 돌담 밖에는 동체 굵은 은행나무 한 그루가 옛 시절의 영화를 말해 준다. 그 당당한 정자의 모퉁이에 숨어 있는 백송은 몰락한 가문을 지켜 온 마지막 정절녀랄까. 텅 빈 정자를 지키는 몸새가 차라리 서릿발이다.

나무는 바람의 현이라는 생각이 든다. 봄 살 속으로 파고드는 소소리 바람은 매향을 실어 오고, 첫가을의 골짜기를 따라 이는 서늘바람에는 산구절초 흔들리는 서러움이 담겨있다. 그렇다면 백송은 바람무덤 속에 서 있는 여윈 미라라 하겠다. 바람무덤 속에서 백골송白骨松으로 지금껏 버티는 이유는 그리움을 사리마냥 보듬고 있어서다.

백골송을 닮은 남자를 본 적이 있다. 계룡산 자락에 있는 자연사 박물관에 갔을 때, 눈에 뜨인 것은 물기 하나 없는 배배 마른 몸으로 육백 년 세월에도 견디며 꼿꼿한 기개로 버텨온 미라였다. 유럽의 미라와 사뭇 달랐다. 고대 이집트 미라가 뇌를 들어내어 생각을 멈춘 채 서느런 몸짓으로 누워 있다면 자연사 박물관에 안치된 천연 미라는 긴 꿈을 꾸고 있는 듯했다.

장작개비 남자가 빈 가슴을 안고 누워 있었다. 학봉 장군으로 명명된 그는 장기가 모두 내려앉아 가슴 부분이 텅 비어 있다고 한다. 수천 병사를 지휘하는 장군으로 냉철한 판단이 필요하였기에 가벼운 감정 따위는 모두 비워 내었는지, 아니면 쇳덩이 같은 고뇌의 등짐에 짓눌려 버렸는지는 알 수 없다. 장군인들 어찌 감정이 없을까. 닿지 못한 인연에 대한 그리움으로 심장이 삭아 버렸을 수도 있겠다. 위장에서 송홧가루의 흔적이 발견되었다니 애절한 그리움이 송홧가루로 남아 육백 년 동안 함께 버틴 것이 아닐까.

잔월이 월연정 돌담 사이로 떠오른다. 달빛이 머무는 연못가에 지어 월연정이라 불리는가 보다. 백송의 야윈 가지가 바람에 흔들리면서 그믐 여린 달이 가지 위에 흰 꽃으로 얹힌다. 은어빛 가지에서 달꽃 터지는 소리가 난다. 골바람이 좀 더 세게 분다면 굽이쳐 흐르는 수면 위에는 꽃 그림자가 가득할 것만 같다. 그러면 솔은 더욱 바람을 반길 것이니 백골송白骨松이 아니라 백화송百花松이라 부를 만하다.

백화송 가지에 찰나의 순간 동안 바람이 얹힌다. 가만히 지켜보면 가지는 우는 것이 아니라 전율로 몸을 떤다. 연주자가 거문고의 현을 켜듯 바람이 가지를 켜는 것이다. 지난여름 내내 붉은 이야기를 피워 올리던 배롱나무도 백송 곁으로 다가선다. 여린 듯 강인한 백송의 몸피를 닮으려는 몸짓이다. 그 모습에 감전이 된 나도 미더운 사람 같은 나무에게 바싹 다가선다. 백화송을 스쳐 흐르던 바람이 가슴 안으로 흐른다. 내 몸도 현이 되어 소리없이 떨린다.

가끔은 백화송 곁에서 꿈꾸는 배롱나무가 되고 싶다.

'님'따라기

—그러나 "님은 왔습니다."

님은 갔습니다. 아아, 사랑하는 나의 님은 갔습니다./ 푸른 산빛을 깨치고 단풍나무 숲을 향하여 난 작은 길을 걸어서 차마 떨치고 갔습니다./ 황금의 꽃같이 굳고 빛나던 옛 맹세는 차디찬 티끌이 되어서, 한숨의 미풍에 날아갔습니다.

그대는 봄비처럼 깊게 울어본 적이 있는가. 시 한 구절로 마음 자락 젖어본 날이 있는가. 만가 같은 이별시에 참고 참은 심곡心谷이 터져버린 밤이 있는가. 그대에게 다가온 이별의 서늘한 엽흔葉痕을 지금도 기억하는가.

이별 하나 _ 통곡痛哭

삼십 년 전 겨울 동짓날로 거슬러 올라간다. 한뎃솥 가득 팥죽을 끓이라는 주문에서 예순 인생을 접는 마지막 눈빛을 읽었다. 급보를 받고 달려온 마을 사람들에게 베푸는 망자의 마지막 인심이랄까. 낮부터 새어나오던 가쁜 숨소리의 끈은 열 시간이 넘도록 끊어질 듯 이어졌고 임종을 지켜보던 철없는 딸은 이별의 서운함 보다는 십 년간의 간병 생활에서 자유로워질 수 있겠다는 생각부터 했다. 생명이 끊기면 살과 바닥의 틈새가 생기지 않는다는 말을 기억하여 식어가는 등과 장판 사이에 무수히 손을 넣어가며 죽음의 과정을 확인했다.

두 해 전에 준비해 둔 삼베수의를 보료 상자에서 내 손으로 찾아내었고 염을 하는 모습을 처연하게 눈에 담았다. 재래식 화장터에서는 야윈 육신이 불 속에서 한숨에 날리는 "차디찬 티끌"처럼 훠훠 사그라지는 마지막 순간까지 눈을 치켜뜨고 보았다. 오래전부터 예견해왔던 이별인지라 곡소리 한번 내지 않았고 냉정하리만큼 무덤덤했다. 처음 겪는 이별의식은 떠나는 이를 끝까지 지켜보는 것으로 소임을 다하는 거라 여겼다. 그러나 나는 이제야 통회痛悔하며 크게 우는 날이 많아졌다.

이별 둘 _ 통절痛切

그 후 몇 달 뒤에 다시 찾아온 이별은 전혀 예상치 못했던 일이다. 앞서 간 분이 나타나서 나무관을 짜던 괴이한 꿈을 꾼 날, "내 죽으면 너그 어메 데리고 갈 것이야." 바람처럼 하던 말이 현실이 되었다. 품앗이 모를 심다가 쓰러져 의식 없는 몸을 하고 나흘 만에, 전깃불 밑에서 생활한 지 한 달 만에, 그렇게 원하던 냉장고와 텔레비전을 산 지 하루 만에, 이별이라는 짧은 말조차 남기지 못한 채 가야만 했다.

그리운 자식들의 "운명의 지침을 돌려놓고 뒷걸음쳐서" 갈 수 밖에 없는 망자는 제대로 눈을 감지 못하였지만, 어미를 보낼 수 없는 어린 자식들은 차마 똑바로 그 얼굴을 쳐다보지 못했다. 뜻밖의 이별을 "염려하고 경계하지 아니한 것은 아니지만" 넋이 아뜩해지고 "놀란 가슴은 새로운 슬픔에" 터져, 남은 사람은 소리 내어 우는 일 말고는 아무것도 할 수 없었다. 아직도 그날의 기운이 불쑥 치솟으면 차라리 눈감은 채 미동도 않아야만 사무쳐 올라오는 화기火氣를 되삼킬 수 있다.

이별 셋 _ 통증痛症

내게 가장 고통스러운 이별이다. 사별死別이야 운명적이어서 마음 한번 닫고 두 눈 꼭 감으면 그만이다. 말 못하고 가슴 찢기는 아픔이 연緣의 끈을 놓쳐버린 생이별이란 것을. 어디엔가 있을 "님의 침묵" 때문에 등줄기를 타고 내리는 절망의 무게가 체념할 수 없는 마음을 짓누른다. "황금의 꽃" 같은 "옛 맹세는 차디찬 티끌이 되어서 한숨의 미풍"에 날아가 버렸는데, 애증과 후회와 연민의 바람이 빈 가슴을 흔들어 놓는다.

만날 수 없는 그리움의 고통보다 만날 수 있으면서도 만나지 못하는 심정이 더 괴롭고, 말할 수 없는 괴로움보다 말해야 하는 심정이 더 고통스럽다. 이러한 이별의 상흔은 때때로 "제 곡조를" 못 이긴 채 싸늘한 침묵으로 가슴에 홰를 친다.

> 그러나 이별을 쓸데없는 눈물의 원천으로 만들고 마는 것은 스스로 사랑을 깨치는 것인 줄 아는 까닭에, 걷잡을 수 없는 슬픔의 힘을 옮겨서 새 희망의 정수박이에 들어부었습니다./ 우리는 만날 때에 떠날 것을 염려하는 것과 같이, 떠날 때에 다시 만날 것을 믿습니다.

이별은 언제나 홀로 서게 한다. "님의 말" 소리에 귀먹고, "님의 얼굴"에 눈멀었지만 갑작스러운 이별이 숙명적이라면 막으려 해도 방법이 없다. 하지만 '님'의 떠남이 소멸이자 비극이며 허황한 겨울이라면, 생성이며 희망이자 찬란한 봄도 있지 않겠는가. 한용운 시인이 "님은 갔지마는 나는 님을 보내지 아니하였습니다."라고 하듯 이별도 '있음'이 되는 것이다. '님'따라기도 때로는 공즉시색空卽是色이 아닐는지.

그렇다면 그대여.

오는 봄날에는 어깨 펴고 소리칠 수 있게 되기를.

"아아, 님은 왔습니다."라고.

꽃싸움

싸움 중에 아름다운 싸움도 있다. 보통 싸울 때는 말로써 상대방을 주눅 들게 하거나 주먹이나 무기를 들고서 위협하기도 한다. 그러나 아직도 꽃패를 던지며 입싸움하는 경우가 있다. 꽃의 춘추전국시대가 펼쳐지는 화투판이 다름 아닌 아름다운 싸움판이다. 아마도 꽃처럼 싸움을 하고픈 본능이 화투를 손에서 떼지 못하게 하는 이유가 아닐까.

내가 화투에 눈을 뜬 건 초등학교도 가기 전의 일이다. 어릴 때 우리 집은 동리에서 떨어져 있었기에 기억에 남는 일들이 제법 벌어졌다. 여름이면 동네 사람들이 모여 한뎃솥 가득 고기를 삶아 나누었으며, 가을걷이를 끝내고 뒷마당에서 장구와 젓가락을 두드리며 신명을 푸는 일도 있었다. 밀주 금지령 때에도 외딴집에서 디디는 누룩 냄새는 쉽사리 들키지 않았다. 그럴 때면 어김없이 꽃싸움도 빠지지 않았다. 지루한 농한기와 긴 장마철을 메운 화투놀이는 나에게 무엇보다 흥미로운 일이었다.

어린 내가 무시로 어른들의 화투판을 기웃거리자 아버지는 나에게도 슬그머니 화투를 가르쳐 주었다. 보수적인 아버지로서는 유별난 자식교육이라 생각된다. 아마도 아버지가 내게 화투를 가르친 것은 무엇인가 실용성이 있다는 믿음에서였지 싶다.

어릴 적 화투는 그림책을 대신했다. 1월의 두루미, 2월의 꾀꼬리와 4월의 두견새, 8월의 기러기를 보며 집 앞 갈대밭에 찾아온 철새들의 생김새와 견주기도 하고, 매화와 벚꽃, 모란과 국화꽃의 이름을 익혀냈다. 6월의 모란에 나비가 함께 그려져 있는 것이 눈에 익었기에, 선덕여왕 일화에서 모란에 향기가 없다는 이야기를 처음 들었을 때는 어느 쪽이 맞는지 알 수 없어 고개를 갸웃거렸다. 11월의 닭모가지 형상을 한 동물은 세상이 태평할 때 나타난다는 전설 속의 봉황새라는 것도 화투가 없었다면 진즉 알 수 없었을 게다.

12월의 비 광光 이야기는 수도 없이 들었다. 일본 교과서 휴신修身에 실리기도 한 '오노의 전설'이다. 비 광의 갓 쓴 선비는 '오노 도후'라는 일본의 귀족으로서 10세기경 당대 최고의 서예가였다. 오노는 붓글씨에 몰두하다 싫증이 나자 머나먼 방랑길을 떠나게 되었는데, 도중 수양버들에 기어오르고자 피나게 노력하는 개구리를 보게 되었다. 오르다가 미끄러지기를 반복하는 광경을 보고 "미물인 개구리도 저렇게 노력을 하는데, 하물며 인간인 내가 여기서 포기해서 되겠는가."라는 깨달음을 얻고서, 곧장 왔던 길을 되돌아가 붓글씨 공부에 정진하였다고 한다. 이 이야기를 떠올릴 때마다 나는 화투 속 선비가 김삿갓이었으면 더욱 감격했을 거라는 생각에 아쉬웠다. 선인들도 꽃놀이를 외면하지 못했다. '정월 송학에 백학이 울고, 이월 매조에 꾀꼬리 운다.'로 시작되는 화투 타령을 읊조리며 즐기지 않았는가.

동네 어른들은 화투놀이를 꽃싸움이라 불렀다. 가만히 생각하니 내가 화투에 대해 긍정적인 이미지를 가지는 까닭은 꽃싸움이라는 말이 무조건 좋았기 때문이다. 외딴집 미제 군용담요 위에는 매화와 벚꽃, 등꽃과 붓꽃, 모란과 국화가 계절을 가리지 않고 득의만만하게 피어났다. 화투를 섞을 때의 민첩한 손맛은 달빛 받은 멸치 떼 몸짓처럼 싱싱하고, 화투짝이 쫙쫙 내리꽂히는 끗발 좋은 소리는 여름날 양철지붕을 때리는 소낙비 소리만큼 시원했다.

어린 나의 아침은 화툿목을 들고 운수떼기를 하는 것으로 시작했다. 일일패, 춘향이패, 갑오떼기 등 이제는 이름도 방법도 모두 잊어버린 화투패로 하루 점괘를 맞췄다. 그러다 화투를 칠 줄 아는 내 또래의 맞수를 만나면 주로 민화투나 육백을 쳤다. 화투 놀이는 초등학교 때가 절정이었다. 화투 석 장의 합이 9끗을 맞추는 갑오떼기로 암산을 해 온 터라 가감산 문제는 술술술 잘도 풀리었다. 당시 산수공부를 제법 한 까닭도 순전히 화투 덕분이라고 생각한다.

화투는 지금도 친근한 꽃싸움 놀이다. 명절이 되면 가족이나 친지가 화투를 치며 여흥을 삼는다. 심지어는 아랫사람과 윗사람이 함께 화투판을 벌여도 흉이 되지 않는다. 물론 시류에 맞추어 고스톱판도 변하고 있다. 전직 대통령 이름을 딴 고스톱이나 엿장수 고스톱, 문인 고스톱, 기자 고스톱 등 재미난 수칙으로 진화되었다. 하지만 바쁜 일정을 소화해야 하는 여고시절부터는 화투를 멀리 하였고 화투에 대한 이미지도 바뀌게 되었다. 화투가 마작이나 포커와 같이 요행수를 바라는 도박의 대명사로 인식이 굳어지면서 화투판에 어울리고 싶은 생각이 없어졌다.

요즈음 젊은 세대들은 트럼프를 즐긴다. 서양 문화에 대한 동경심이 여가 생활에까지 미친 셈이다. 나라에서는 광산 도시에 공인된 도박장을 운영한다. 원래는 폐광 지역의 소득을 위한 제도였는데 지금은 사행성이 더 커져 버렸다. 그러다 보니 국외 원정 카지노 도박까지 하다가 패가망신하는 경우도 더러 생긴다. 사이버시대답게 인터넷 화투도 성행한다. 그러나 내 생각으로는 푸른색 군용담요 위에서 놀던 꽃놀이패에 비하면 묘미가 없을 것 같다. 표정을 읽을 상대도 없고, 긴장된 숨소리도 들리지 않고, 화투가 바닥에 떨어지면서 내는 싱싱한 소리도 없으며, 화투판 위로 오가는 세상사는 이야기도 들리지 않는다.

그렇다면, 부담 없는 사람과 마주앉아 화투패를 돌리는 것이 더 인정 있는 놀이가 아닐까 싶다. 게다가 화투를 치지 않는 나도 슬며시 구경꾼으로 끼어들 수도 있다. 곁에서 훈수를 두다 보면 혹시 광 팔 일이 생길지도 모르지 않는가.

인생도 때로는 그럴 수 있을 거라 생각해 본다.

꿈꾸는 돌

낮은 신발을 신으라 한다. 5억 년 전 역사 속으로 들어가려면 몸을 낮추고 고개를 숙여 천천히 걸어라 이른다. 한 걸음 쉬면서 앞사람과의 간격도 적당히 조절하여 속도를 늦추라 한다. 좁은 입구를 지나자 별천지임을 알려주듯 차가운 물방울이 머리 위에서 떨어진다. 태고의 침묵을 깨우쳐 주는 소리다.

맑아진 의식으로 석굴 안을 바라본다. 입구에서 타제석기가 발견되었다는 기록을 보면 선사시대에는 원시인의 주거지였을 수도 있겠다. 그들과 내가 수천 년의 세월을 사이에 두고 마주 대한다는 생각을 하니 긴장감이 조여온다. 보이지 않는 누군가를 위해 한켠으로 비켜서는 여유로운 마음밭도 가져본다.

풍경이 예사롭지 않다. 굴 속은 대자연의 걸작품이 가득한 소우주를 연출하듯 눈길이 닿는 곳마다 돌풀이 가득 메워져 있고, 눈꽃석화가 지나온 오랜 세월을 일러주고 있다. 옥답 위로 음폭이 다른 물방울이 떨어지며 소리가 동굴을 울린다. 한 방울의 낙수가 바위를 뚫는다고 하던가. 잔물결이 퍼져 나간 물속 거울에 내 모습을 비추니 영혼까지 말끔히 씻기는 듯하다.

동굴 속이 살아있다. 때로는 급히 지나가는 물살 속에서 멈추어 있는 바위가 뚜렷하게 드러나듯이, 정적의 고요 속에서도 심한 역동성이 느껴진다. 물방울이 석회암에 스며들어 공기와 맞닿아 무딘 세월을 거치는 동안 종유석과 석순이 자라고, 내리뻗은 돌고드름과 동굴 바닥에서부터 층층이 돌층계를 쌓으며 골차게 올라가는 돌기둥이 애절하다. 이곳은 지하에 있는 천상의 세계이며 바위산 속에 숨어있는 원시 밀림의 비경이다. 숨죽이고 귀 기울여 유석들의 미세한 움직임마저 느끼고 싶다. 물방울이 석벽 사이로 떨어진다. 인연의 씨앗도 저렇게 만나 오랫동안 튼실한 물줄기로 섞여 흐르면 좋겠다 싶다.

문득 예전에 끈을 놓았던 인연을 생각한다. 동굴 벽면 가득히 자란 유석을 지나치며 뒤돌아본 덩굴진 형상이 매듭을 풀지 못한 내 마음을 닮았다. 뒤틀리고 구부러진 곡석이 더더욱 그러하다. 인공으로 만든 철계단이 동굴 원래의 모습을 변형시켰듯이 야멸친 나의 행동이 다른 사람 마음에 덧게비를 친 것은 아닐지.

갑자기 굴 속이 출렁다리처럼 일렁인다. 걸음을 디딜수록 황금빛 내장이 즐비한 몸속으로 들어서게 된다. 빗장을 지른 내 속으로 성큼 들어선 느낌이다. 어쩌면 그동안 깊은 굴을 파고 스스로 갇혀 지냈던 건 아닐까. 어두운 동굴 벽에 비치는 밖의 그림자들을 사물의 실체로 여기며 외길로만 걸어왔지 싶다. 갑자기, 뭉툭하니 생성되는 종유석들이 오래된 종양처럼 만져진다.

계단을 오르는 동안 신발에 흙 한 점 묻지 않는 것이 새삼 놀랍다. 사람과의 이별도 이렇게 깨끗하게 털어낼 수 있다면 미련에 집착하지 않을 수 있겠다. 손에 닿는 거리에 있는 석순들을 만져보지 못하는 것처럼, 가까이 있으나 먼발치에서 바라보아야만 하는 인연들이 애달파진다. 무거운 침묵만이 존재하는 이곳과 내 마음의 어둑한 굴 속이 다를 바 없다 싶어 걸어왔던 벼랑길 아래를 내려다보니 아득한 낭떠러지가 현기증을 일으킨다. 빠져나가야겠다는 생각에 출구를 찾는다. 동굴의 우상에서 벗어나고자 하는 성급한 몸짓에 힘살이 저려진다. 아찔한 석굴 꼭대기에 서서 둥글게 아우러진 계단을 바라본다.

입구로 향하는 길은 쉬이 열리지 않는다. 내려가면서 두 손으로 난간을 잡으려면 손에 쥐고 있던 소지품들을 호주머니에 넣어야만 한다. 빈손이어야 더욱 단단히 잡을 수 있다는 것. 살아가면서 많은 것을 움켜쥐려 했던 과욕이 묻은 내 손을 내려다본다. 이렇게 빈손을 내밀면 함께 가는 인연의 손도 놓치지 않고 꼭 잡을 수 있겠다 싶다. 나선형의 계단돌림을 한바탕 치른 후에야 긴 어둠은 끝이 났다.

밖의 세상은 여름 장마의 빗발로 가득하다. 굵은 빗줄기가 내 몸에 닿는다. 빗방울이 닿으니 석회암 같은 살결이 움푹 파이는 듯하다.

내 속에 작은 종유석 하나 움트기 시작한다.

마음 따로 추석

바야흐로 추석 시즌이다. 추석은 일 년 중 가장 큰 보름달이 뜨는 명절이다. 무더위가 무너지고 매미 소리도 기가 꺾인다. 하늘에는 청기가 돌고, 바람은 들판을 흔들며 나무도 가을을 맞아 색색의 과일을 풀어낸다. 자연조차 '한가위 대박세일'을 외치며 분위기를 한껏 띄우고 있다.

사람들은 바쁘다. 마음도 바쁘고 걸음도 바쁘고 손도 바쁘다. 대부분 명절 분위기를 숨기지만 내놓고 설레는 사람이 있다. 자식을 기다리는 노인들이다. 장가간 아들이 좋아하는 생김치를 담그고, 며느리가 비법을 알려 달라는 묵을 쑤고, 손자가 곱빼기로 먹던 식혜를 끓이느라 시간을 쪼갠다. 농촌이라면 손수 가꾼 채소를 시골장에 내다 팔아 손자 손녀들에게 줄 빳빳한 용돈도 준비해 놓는다. 도시에서도 자식을 기다리는 고갯짓은 마찬가지다. 담 밖에서 자동차 경적 소리가 울리면 조용했던 집에 모처럼 생기가 돈다.

가장이 된 아들의 마음은 한결 가볍다. 귀성길 도로에서 맞닥친 교통대란도 고향 길을 찾는 설렘 앞에서는 종이호랑이가 된다. 아내와 자식을 좌우에 거느리고 옛집에 들어서면서 "어무이, 우리 왔어요." 할 때는 어깨에 힘이 그냥 들어간다. 소가족 아파트 생활에 익숙한 며느리들은 스트레스를 숨기고 시댁으로 향한다. '추석 증후군'을 무사히 이겨내려면 마음을 단단히 먹어야 한다. 경제적 부담과 음식 준비의 어려움은 물론, 친정 걱정도 애써 감춘다.

요즘 아이들에게는 추석이 시큰둥하다. 이랬든 저랬든 아파트 동네를 떠나니 놀 친구가 없어진다. 걸 따라 가다 보니 재미있던 나날이 일순간에 무너져 실망한다. 그나마 마음 가는 곳이 있다면 용돈이다. 당연히 추석은 가풍을 익히는 것보다 용돈 모으는 날로 기억된다. 고모, 삼촌, 숙모가 많을수록 기쁘지만 아무리 많이 받아도 설날 세뱃돈만 못하니 아이에겐 설날이 더 좋다.

온가족의 사랑을 독차지하던 개도 추석 연휴 때는 불안해진다. 급할 때 돌봐주던 팻시터도 떠나고, 자동배식기도 하루를 넘기면 불편하다. 애견센터나 동물병원에 투숙하면 되겠으나, 철창에 갇혀 며칠을 지내야 한다는 게 억울하다. 잘 사는 마님 댁 애완견은 애견호텔을 기대하지만 아줌마 집 보통 개에게는 그림의 떡이다.

나 홀로 남은 개들은 추석날 며느리들만큼 마음을 꾹꾹 다져야 한다.

북적거리는 곳은 고향집만이 아니다. 관광명소마다 가족나들이 차림으로 울긋불긋해지고 공항 대합실은 해외 탈출객으로 더욱 복잡해진다. 덩달아 천상에 계시던 조상님들도 바빠졌다. 음식을 받고 후손들을 대면하려면 눈치껏 움직여야 한다. 호텔이나 팬션으로 찾아가 맞춤 음식으로 배를 채워야 하고, 피자나 콜라 등 서양 푸드에도 길들여져야 한다. 그나마 차례지방에 본관을 제대로 적어준다면 자식이 대견하기만 하다. 운이 좋으면 외국 여행길에 자식내외를 따라 동승할 수도 있다. 머잖아 여행사에서 "조상님 명절차례는 동남아에서"라며 은근슬쩍 고객유치에 나서지나 않을까.

벌초 풍습도 달라졌다. 벌초와 성묘를 효성의 표시이자 자손의 도리라 여기긴 한다. 요즘은 벌초를 하다가 벌에 쏘일까 지레 겁을 내지 않아도 된다. 벌초대행업체가 묘지관리를 맡아 재치 있게 처리해 주기 때문이다. 벌초는 물론 봉분에 잔디를 입혀주고 사진까지 보내주며 자식보다 더 정성을 기울이니 묘지 주인에게는 오촌당숙만큼 반갑다. 누이 좋고 매부 좋은 격이다. 하지만, 묘소를 이장해 납골당으로 모시거나 화장으로 장묘문화가 바뀌면서, 벌초도 언젠가는 기억 속으로 사라질 태세다.

무엇보다 추석을 뜻하는 말이 달라진다. 한 가지 예가 송편이다. 송편은 반달 모양으로 달의 열매라고 불리어왔다. '송편을 잘

빚으면 시집을 잘 간다.'라는 옛말도 떨떠름하게 들린다. 송편은 소문난 떡집에 주문하면 되고, 성형으로 살짝 속임수를 부려 마음에 드는 남자를 찍으면 된다. 그게 젊은 주부와 처녀들의 속마음이라 여겨본다. 그런데 딸의 인기가 높아지는 요즈음 천만다행한 일이 생겼다. '송편을 예쁘게 만들면 예쁜 딸을 낳는다.'는 말이 다시 고개를 드는 시절이 다가온 것이다. 딸이 살림 밑천이 아니라 효도 밑천임을 믿고 싶은 엄마의 속내가 담긴 듯도 하다.

추석놀이도 바뀌는 중이다. 달구경과 윷놀이가 볼거리와 손거리로 풍성해졌다. 어른들은 추석 특선 영화를 쏘아대는 텔레비전 앞에서 눈을 와짝 뜨고, 큰 아이들은 대형스크린을 갖춘 멀티플렉스 영화관으로 우르르 몰려간다. 꼬마들도 PC방에서 속이 후련해지도록 자판을 두드린다. 아울러 신식 시어머니는 며느리들에게 노래방 비를 살짝 쥐여 주기도 한다.

그러나 예로부터 지켜지는 마음이 하나 있다. 선물에 깃든 마음이다. 추석을 일컫는 가배嘉俳의 어원에 '갚는다'라는 의미가 있지 않은가. 그 말 덕분인지 이웃끼리 서로 음식을 나누었고, 요즈음도 과일이나 생필품 등을 추석 선물로 주고받는다. 사람이 바라는 것이 따뜻한 정임은 변함이 없다.

해마다 추석 풍속이 달라지고 있다. 명절이 반짝 연휴로 변한 것이다. 내 마음도 전통을 지키려는 쪽과 초가을 틈새를 휴가 삼아 떠나볼까라는 두 마음으로 갈라진다. 이러한 추석이 반가운 이도 있고 추석이라 더 외롭고 쓸쓸한 사람도 보인다. 올해는 넉넉한 마음으로 주변을 둘러보면 좋겠다. 한가위가 크다는 뜻은, 결국 하나가 되어야 한다는 만월의 눈짓이라고 여겨진다.

마음 따로 되어가는 추석이 좋기만 할까. 가배의 마음으로 가을을 맞이하면 어떨는지.

목각의 눈

정좌를 한 모습이 도도하다. 봉긋한 가슴을 드러내고 턱을 코끝으로 치켜 앵돌아진 표정에 배시시 웃음부터 나온다. 정수리 위로 틀어 올린 삼단 머리채 아래 잿빛 까슬한 살결을 만지면 온기마저 전해지는 듯하다.

처음에 이 목각을 어디다 두면 좋을까 하고 집 안을 서성거렸다. 거실의 빼곡한 책장 사이가 괜찮아 보였다. 나무 인형과 낡은 책장과 오래된 책들이 비슷한 향기를 내고 있어 낯설지가 않았다. 책장 한켠에 나목 인형의 특별석을 마련하고 니체의 『오, 고독이여』라는 책을 곁에 두니 꽤 근사했다. 눈을 감은 듯 고개는 경사지게 뻗치고 입술을 샐쭉 내밷는 폼이 제법 어울렸다.

검은 피부를 가진 나부裸婦 조각상은 일전에 적도 부근의 섬 여행을 다녀온 지인에게 받은 것이다. 이 원주민 여인에게 정중히 손이라도 내밀면 찡긋 눈맞춤을 하며 전통춤이라도 추자고 할 표정이다. 하지만 그때는 무슨 쌤통인지 다비드 석상 같은 단단한 근육질의 나부裸夫 모습이면 더 좋을 텐데 하는 짓궂은 마음이 앞섰다.

바람이 스치니 옻칠을 하지 않은 목각 여인에게서 습기를 잔뜩 머금은 열대꽃 냄새가 난다. 눈을 감고 숨을 들이켜면 보랏빛 꽃잎이 나부끼는 환상에 꽃내음이 더욱 익숙히 다가오는 것 같다. 불현듯 예전에 만든 점토 여인의 리라꽃 화관이 떠올랐기 때문일까.

십여 년 전, 점토 인형 만들기에 몰두했던 적이 있다. 그 시절은 참으로 힘겨웠다. 당시 인척과 돈거래로 손해를 입은 와중에 운영하던 공예학원 건물마저 은행에 넘어가는 이중고를 겪었다. 그때 견디기 힘든 시간의 무게를 걸러내느라 몇 계절 동안 작업실에서 살다시피 하며 인형을 빚었다. 유리병에 반죽한 흙을 넣고 나무 뼈대를 꿰어 얼굴과 몸체를 다듬으면서 화를 삭여나갔다. 완성된 점토 여인의 흙옷이 마르면 수분이 빠져나간 자리에 금이 생겨 기운을 잃기도 했는데 무르게 갠 점토로 틈을 메우는 공을 들이면서 지친 마음을 다스리게 되었다.

예전에는 점토 여인을 가졌는데 이제는 목각 여인을 곁에 둔다. 목각 여인을 바라보면 아물고 난 자리가 바람에 시리듯 '불광불급不狂不及'의 그 시절이 떠오른다. 밤을 새워 흙을 빚고 말리며 미친 듯이 몰두하던 혼신의 순간들, 붓질로 인형의 숨을 불어넣듯이 자신을 일으켜 세우려 했던 찰나의 기억들을 잊지 못한다. 그런데 최근에 또다시 혼자 감당하기 어려운 일로 마음이 무너지게 되었다.

그동안 매진해왔던 교육 사업에 문제가 생겨 소송의 문턱에 이르게 된 것이다. 세무서와 노동부 등에 얽힌 문제는 쉽게 풀리지 않았고 법률에 문외한인 탓에 이리저리 자문하러 다니느라 심신이 지쳤다. 나는 무시로 책장 앞을 들락거리다 나목 인형과 눈이 마주치게 되었는데 그때마다 호소하듯 그녀를 쳐다보며 툭툭 넋두리를 던지곤 했다.

— 사는 건 흔들리는 일이야. 잔바람에도 강물과 나무가 흔들리는데 휘감겨오는 삶의 폭풍우는 의지의 뿌리까지 휘청거리게 하니 견디기 힘들어.

성긴 마음은 부동의 목인에게 호언보다 불평의 말을 더 쏟아낸다. 해결책을 마련하느라 고민에 싸인 마른 속은 쩍쩍 빗각을 그으며 터지고 있었다.

— 금이 갔지만 무너지지는 않아. 오히려 연기는 균열을 뚫고 세상 밖으로 새어나가잖아.

빗물 머금은 벽을 향해 이렇게 내 말을 되쏘아 주기라도 하면 좋으련만 목각의 시선은 여전히 묵묵부답이다.

시간이 흐를수록 일은 더 복잡해졌고 매사에 의욕을 잃게 된 나는 목각에게 억지 부리던 일도 힘들어 그만둬 버렸다. 승부수가 나지도 않고 붉으락푸르락하는 내 낯빛과는 달리 자세 하나 흩트리지 않고 눈을 홉뜬 모습에 지레 풀이 죽어서이기도 하다. 그러다 장시간 시시비비를 가리는 전화 통화를 하게 되었는데 상대측의 우격다짐에 입담 없는 내 말재간은 결국 백기를 내주고 말았다. 상한 내 맘을 모르는 목각 인형은 미간에 주름을 잡고 가슴을 내밀며 빤빤히 쳐다보고 있을 뿐이었다.

당장 그녀를 벽 쪽으로 돌려 앉혔다. 마음을 휘젓던 능변의 그들에 반해 한마디 항거도 못하는 목각 인형은 만만하기 그지없었다. 등 뒤에 대고 참았던 말들을 후두두 쏟아냈다. 그러고는 소송에 매여 무력한 나처럼 꿈쩍 않는 그녀를 구석진 곳으로 아무렇게나 옮겨 놓았다. 목각 인형 옆에는 공교롭게도 읽다 만 소설책 『우울한 귀향』이 비뚜름히 꽂혀 있었다.

화를 비운 속이 바싹바싹 타들어간다. 지난날 속앓이를 한 통증까지 겹쳐서 생채기로 따끔거린다. 예전과 달리 지금의 나는 빗금진 마음결 하나 메우지 못한 채 가슴을 허비고 시간만 흘리는 심약자가 되어 버렸다. 흔들리는 바람에 몸을 맡기다 보면 키를 내리지 못한 뿌리는 중심을 잃게 된다. 어쩌면 바람이 일어 나무를 흔드는 것이 아니라 나무가 바람을 맞고자 몸을 흔드는 것은 아닐까. 결국 바람도 마음에서 일고 지는 것을.

빈속을 감춘 목각 여인을 바라본다. 지난번과는 달리 묵상에 잠긴 평온한 표정이 겨울 눈밭의 나무처럼 초연하다. 그녀의 얼굴빛이 시시때때로 변한 건 나의 눈이 변덕스러운 까닭이지 싶다. 사람의 마음이 목각의 얼굴에 실리어 시나브로 일상을 흔들어 놓은 것이 아닐까.

나무 인형을 처음의 자리로 옮겨 둔다. 내 손이 닿으니 굳었던 마음이 나긋이 풀어진다.

— *진정한 자유란 스스로 놓아주는 거지.*

검은 눈이 말을 건넨다. 안달을 부리던 마음이 목각의 눈빛 앞에서 무춤하다.

시대의 디아스포라

낡은 표지가 세월을 말해준다. 책장은 버짐이 앉은 듯하고 속지는 누렇다 못해 겨울 나뭇잎처럼 바스락거린다. 코를 가까이 대면 행간에서 묻어나오는 종이 냄새가 고향집 흙담처럼 익숙하게 다가온다.

김소운의 첫 수필집 『마이동풍첩』이다. 1954년 서울 남향문화사에서 발행한 정가 이백 환짜리 책으로, 두 모서리를 기계로 절단하지 않아 우툴두툴하게 제본되어 있다. 초판이 나온 후 2년 뒤에 재판된 책이지만 지금은 국립도서관 보존서고에서도 찾아보기 어려운 귀한 책이다.

얼마 전, 이십여 년간 소운 선생을 섬겼던 J 선생과 인연이 되어 이 책을 물려받았다. 늦은 나이에 국문학 공부를 하는 나를 눈여겨보면서 문학의 정석을 삼으라는 뜻으로 건넸지 싶다. 어쨌든 글감이 떠오르지 않거나 글줄이 막힐 때면 책을 펼쳐들고 「도마 소리」, 「목근통신」, 「중절모자」 등을 읽으며 생각의 기운을 뻗치려 노력한다.

"내 어머니는 레푸라(문둥이)일지도 모릅니다. 그러나 나는 우리 어머니를 클레오파트라와 바꾸지 않겠습니다." '日本에 보내는 편지'라는 부제가 붙은 「목근통신」의 이 문장은 언제 읽어도 충격으로 다가오는 명문이다. 일본의 한국에 대한 멸시에 소운 선생은 어느 순간이나 한국인임을 저버리지 않았다. 그는 "향토鄕土는 내 종교이었다."라는 말을 가슴 속에 평생 십자가로 지니면서 조국에 대한 열정을 품어 안았다. 빼앗긴 조국일지라도 그에게 있어 극락정토보다 더 그리운 어머니의 품이 아닐 수 없었다.

고향인 부산 영도와의 인연으로 동삼동 쌈지 공원에는 선생의 문학비가 조그맣게 자리하고 있다. 이곳 공원은 해변 산책로가 연계되어 있으며, 부산 북항의 전경을 한눈에 내다볼 수 있다. 시정視程이 좋은 날은 문학비 뒤쪽으로 오륙도는 물론 대마도까지 선명히 보인다. 이제 소운의 넋은 고향 언덕에서 일본과 한국을 넘나들며 자유로이 시상을 다듬고 있지 않을까.

선생은 대단히 불행한 소년기를 보냈으며 격정의 삶을 살았다. 세 살 때 부친을 여의고, 러시아로 떠난 어머니와 생이별하고 떠돌이 생활을 해야만 했다. 그러다가 30여 년을 일본에서 보내게 되는데 정부로부터 입국 금지조치를 당하는 불운도 겪었다. 이러한 그를 두고 어느 시인은 '생래적生來的인 떠돌이'라고 불렀으며 선생 자신도 "나는 절굿공이다. 나는 넝마주이 공부를 했다."라고 한탄했다.

그의 애정 곡선도 순탄하지만은 않았다. 수필 「도마소리」에서 밝혔듯이 집안끼리 승인한 첫사랑 연이와의 애틋한 사랑이 파산되고, 일본 여인과 맺은 연분도 민족감정의 불협화음으로 정리하게 된다. 다시 고국에서 가정을 이루었으나 몸에 밴 방랑생활은 가족과 생이별을 부추겼다. 어느 수필가가 쓴 '가을을 앓는 여인'의 주인공인 그의 마지막 뒷바라지를 한 여인의 삶이 애달프다.

예인다운 기벽도 상당했던 것으로 짐작된다. 강아지를 좋아하여 이웃집 개에게 매일 카스테라를 사주어 개가 주인보다 자신을 따르게 하였고, 넥타이와 지팡이를 유난히 자주 사 모았다고 한다. 열대어와 난초 기르기까지 유독 정성을 기울인 것도 일종의 고독 해소책이 아니었을까 짐작한다. 오죽하면 수유리 집을 '어수원魚睡園서실'이라고 이름 붙였을까. 젊었을 때는 '바이런'의 흉내를 내기 위해 오릿길을 일부러 절룩거리면서 걷기도 했고 일본에서는 일부러 하얀 바지저고리를 입고 다녔다는 일화도 유명하다. 이러한 비평충동이 행동주의 문학을 낳게 했을는지 모른다.

그의 반세기는 에피소드의 연속이었다. 청마와의 우정도 그러한데 그의 수필에서도 확연히 나타난다. 해방 전, 만주에 가는 길에 청마를 만나고자 천릿길을 달려 하얼빈으로 갔다. 외투 한

벌 없는 '세비로 바람'의 청마를 위해 자신도 벗어줄 외투가 없는 사정을 고민하다 '콩쿠링' 만년필을 손에 쥐여 주는 이야기는 아직도 짠하게 읽혀진다. 그의 수많은 에피소드는 가난과 호기로 엮어진 것이라 여겨진다.

평소 그는 "임종 직전 내가 아끼던 독한 술 한 병을 뒷주머니에 꿰차고 힘이 다할 때까지 높은 산을 오르겠다. 오르다가 죽기 직전에 이 술을 한 잔 마시면서 생을 마치겠다. 과연 내가 몇 부 능선에서 죽을지 궁금하노라."고 말했다. 그러나 실제로 술은 대작하지 못했고 담배만은 공초空超 오상순 다음이라 불릴 만큼 애연가였다는 후문이다. 생의 마지막 수필에서 "내 뜻을 남이 못 알아준다는 것은 슬픈 일이요, 억울한 노릇이다. 그러나 그렇다고 인생에 절망할 까닭은 없다. 오해도 비난도 없는 인생. — 그런 인생은 아마도 멋없고 심심한 인생이리라. 맵고 짜고 쓰고 달고 — 그것이 인생의 참맛이 아니겠는가."라고 썼다.

문인이라면, 더구나 수필가라면 소운의 저서 중, 단 한 권이라도 정독해야 하지 않을까 감히 생각해본다.

제5부

떠날 수 없는 배

바다에는 길이 있다

바다를 본다. 물 위와 물속을 구분 지어준 채 의연하게 중심을 잡은 바다를 본다. 완장을 차지도 무기를 들지도 않았으면서 강을 항복시키고 섬을 점령한 바다. 배는 띄워 주고 물고기는 가라앉혀 평정시키는 바다를 눈에 담는다. 바다를 보는 일은 나를 찾아 나서는 길이다.

"바다는 내 삶"이라며 의기양양하게 소리치는 사람들이 부럽다. 일출과 일몰의 바다, 적도의 바다와 지중해의 바다, 보름달이 뜨는 바다, 초승달을 삼킨 바다에 대해서 위풍당당하게 말을 잇는 고향 선배가 있다. 해양 관련학을 공부한 그가 이십여 년 동안 선원 생활이 담긴 바다 이야기를 꺼내면 누구든 맞장구조차 치지 못한 채 숨죽이며 경청한다.

떼배를 타고 다니며 평생 미역밭을 가꾸는 공수 댁 아주머니를 만나도 "요샌 잠수병 때문에 머구리질도 어렵고 늙어지니 실게질도 힘들고……."라는 말의 절반도 이해 못하는 내가 갑갑하다 못해 면구스럽기조차 하다. 해변 산책길에서 만난 낚시꾼도 바다와 하나가 될 때 비로소 고기를 만날 수 있다고 강조한다. 조류의 빠름과 파도의 세기며 달의 방향과 물때 주기에 대해 열변을 쏟는 무명의 낚시꾼마저 바다 앞에 서면 한없이 우러러보인다.

생각해보니 매운 해풍을 맞으며 뱃길 다녀본 적 없고, 짠물에 발 담가 물미역 한번 건지지 않았으며, 방파제 끄트머리에 앉아 밤바다에 던진 야광찌라도 지켜본 일 없다. 기껏해야 청사포 앞바다에 밀려온 피뿔고둥 서너 개 주워 올렸거나, 변산반도에서 낙조를 바라보며 탄성 지르고, 여름날 해변의 수평선을 배경으로 사진 몇 장 찍은 일 정도이다. 바다를 좋아한다는 말을 노랫말처럼 하고 다니면서도, 바다가 좋아서 이기대 바다 곁으로 덜컥 이사를 했으면서도, 매일 아침 한 시간여 바닷길을 걸으면서도, 누가 나에게 바다 이야기를 해보라면 청맹과니처럼 눈만 끔뻑일 뿐 아는 것이 없다. 결국, 나의 바다는 관조의 바다에 불과한 것을.

바다가 베푸는 심성을 헤아려 본다. 해국이 가득한 바닷길을 사람에게 내어주고 뭍으로 솟아나길 희망하는 암석은 경계에 자리를 만들어 준다. 묵상을 원하는 돌은 해심석으로 가라앉히며 '여'라는 이름의 바위까지 물살로 보듬는다. 하늘새에게 길을 터주어 쉬어가게 하고 산 그림자 내리면 말갛게 씻어주기도 한다.

배가 지나간다. 하얀 물살을 가르며 나아간다. 길 없는 바다에 물길 만들어 제 몸을 싣고 떠난다. 닦인 길로 다니는 사람과는 달리 배는 스스로 길을 만들어나간다. 뱃길이 쉬이 열리는 까닭은 바다가 제 몸 기꺼이 내어주기 때문이다.

긁고 지나간 상처를 덮고 다시 일어서는 바다. 해일에 밀려 살점이 떨어지고 암초에 부딪혀 시퍼렇게 멍이 들어도 꿈쩍 않고 자신의 자리를 지키는 바다. 물과 바람과 세월의 소리를 담은 그 여여한 기운은 세파에 흔들리는 인간의 마음까지 고르게 다독인다. 이러한 바다를 오래도록 가까이 하게 된다면 사람도 중심을 잡고 등대처럼 우뚝 설 수 있을까.

바다에서 글의 길을 찾아본다. 얼마나 많은 사람이 바닷길을 찾고자 해풍 앞에 섰을까. 김영랑은 "꿈꾸는 바다를 깨울 수 없다."라고 조심스레 고백했으며, 김기림은 순진한 나비가 바다를 보고 "청靑무우밭인가 해서 내려갔다가는 어린 날개가 물결에 절어서"라며 수심을 알 수 없는 바다에 마음을 내비쳤다. 섬에서 태어나고 자란 소설가 한승원 선생은 "바다는 내 문학의 자궁이다."라고 밝혔고, 최진호 수필가는 "바닷물이 눈물과 섞이면서 아픔과 고통을 함께 나누기 위해 짠맛을 내고 있다."라며 생명의 바닷길을 노래했다.

농바위에 앉은 바닷새 한 마리가 등대처럼 고요하다. 그 아래로 문학의 바다가 펼쳐져있다. 출항을 알리는 출발지와 항해를 위한 도정과 정박의 목적지로 이루어진 문해文海가 출렁인다. 나는 글 한 줄을 건지는 출항을 위해 뱃전에 기대어 본다. 해안선을 돌아나가는 고깃배 한 척이 파도를 가르며 지나간다.

바다에는 길이 있다.

연緣의 연蓮

자꾸 미련이 남는다. 단단히 포개어진 꽃잎이 속내를 감춘 채 수중에 서 있다. 꽃덮이조각을 열고 꽃분을 터트리는 해 뜰 무렵의 우아한 자태를 눈에 담지 못한 아쉬움이 한낮 속에서 더욱 커진다. 그래도 물에 잠기지 않는 꽃잎이 반갑다. 진흙을 힘 있게 딛고 올라선 꼿꼿한 대궁이 낯설지 않다.

여름 뙤약볕에서 바라본 서출지는 더욱 요요하다. 신라 소지왕의 목숨을 구했다는 사금갑射琴匣의 전설이 서린 연못가에는 이요당의 기와지붕이 단아하게 내려앉았다. 이백 년 된 배롱나무 너머로, 홍련이 연실을 감춘 채 전설을 듣는 양 고개를 내민다. 바람에 실린 연꽃 향기를 폐부 깊숙이 들이마셔 본다. 시들해졌던 삶의 의욕이 삼복 연향으로 되살아난다.

연밭에 가면 언제나 연자매蓮姉妹가 떠오른다. 유학자이던 아버지는 젊은 시절 만주와 일본을 오가며 공부를 하셨다. 중절모를 쓰고 신식 양복을 입은 사진을 요즘도 들여다보면 조선시대 여느 선비 못지않은 풍류를 즐긴 모습이다. 그러나 해방 후, 원하던 학문의 뜻을 펴지 못하자 스스로 고향을 등졌다. 낯선 시골, 전기도 없는 외딴곳에 흙집을 지어 평생을 적적하게 보내다 가셨다. 그 시대의 많은 사람이 그랬듯이 현실과 타협하지 못한 채 연꽃 같은 이상세계를 꿈꾸지 않았나 싶다.

아버지는 네 명의 여식 이름을 모두 연꽃으로 지으셨다. 연꽃의 꽃부리에서 큰언니인 영화英花를 떠올렸고, 둘째언니는 부처님께 올리는 꽃이라는 의미의 향화香花라 하였다. 셋째언니는 용모 그대로 연화蓮花이며, 정화貞花인 내 이름에는 곧게 피어나라는 소망을 담았지 싶다.

연방죽에 올라 연잎에 눈길을 오래 준다. 펑퍼짐한 치마폭 같은 잎은 맏언니의 내리사랑처럼 너붓대지만, 햇빛에 오그라진 잎사귀는 속 좁은 내 마음과 다름없다. 연잎은 제 몸을 낮추고 꽃을 더욱 도드라지게 한다. 그러나 연밭에 꽃이 없다면 누가 찾아오겠는가. 순백의 맑은 빛을 담아 청조하고 고결하게 피어나는 백련은 유난히 하얀 피부를 지닌 연화 언니를 꼭 닮았다. 백련을 꽃 중의 군자라 하듯이 연화 언니는 늘 나머지 딸들의 부러움이 되었다. 연씨 또한 스스로 싹트지 않고 반드시 제 몸에 상처를 받아야만 싹이 튼다. 이천 년 묵은 종자도 발아한다는 속성은 다른 자매들을 항상 보살펴주는 향화 언니를 많이 닮았다.

춤추는 연밭을 본다. 뜨거운 햇살을 털어내는 커다란 잎자락이 바람을 몰고 온다. 연꽃은 그릇에 따라 잎과 꽃을 스스로 맞춘다고 한다. 그릇이 작으면 작게 피고 큰 그릇에 옮겨주면 크게 자라다가 방죽 안에 넣어주면 방죽을 가득 채워버린다. 연꽃을 피우게 하는 것은 비바람만이 아니다. 사람들은 꽃을 쳐다보지만 진흙 속에 숭숭 구멍 뚫린 뿌리가 깊숙이 내려져 있음을 잘 알지 못한다. 연꽃이 물에 폭삭 젖지도 못하고 홀로 피어나듯, 장맛비가 뿌려도 고인 빗물은 거침없이 쏟아져 내린다. 이슬이든 빗물이든 떨어내어야만 하는 것도 우리의 삶이 아닐까.

지난여름, 약 칠 년 만에 춘천에 사는 연화 언니 집에서 네 자매가 모였다. 모두 비슷해진 얼굴에, 같은 이름자에, 중년이란 꼬리표까지 하나씩 달고 왔다. 자랄 때는 큰언니와 십오 년이라는 긴 터울이 있었는데, 지금 그 터울은 아무것도 아닌 것이 되어 버렸다.

그날 저녁, 자매들은 소양강이 내려다보이는 횟집에서 저녁을 먹었다. 커다란 회 접시는 물론 매운탕이며 밥까지 깨끗이 비워내고 남은 메추리알까지 챙겼다. 노래방도 빠트리지 않았다. 향화 언니는 마이크 줄을 곡예사처럼 빙빙 돌리며 '소양강 처녀'를 불렀다. 다음날은 춘천에서 유명하다는 점집에 가서 신수를 보았다. 머리에 대나무 핀을 꽂고 휘파람으로 신을 불러들이는 무녀의 표정이 진지하다 못해 엄숙하다. 나에게 앞으로 돈 많이 벌고

팔자가 좋다는 말을 하자 언니들은 얼굴 가득 질펀한 웃음이 번지며 연방 맞장구를 치기 바쁘다. 음식점에서든, 노래방에서든, 점집에서든, 온 몸짓에서 오랜만에 만난 자매애가 진하게 묻어나온다. 곁눈질을 해보니 연꽃 이름과 달리 영락없는 중년 아줌마들의 모습이다. 눈가의 잔주름과 펑퍼짐한 몸매와 능글맞은 말투들은 연꽃의 고상한 이미지와 꽤나 멀게 보인다.

아버지가 내 이름에 연꽃을 붙인 이유는 맑고 고귀한 연꽃을 닮으라는 줄로만 알았다. 계향충만戒香充滿이라고 했던가. 진흙 속에서 자라더라도 흙 한 방울 묻지 않는 연꽃이 되어 연못을 향기로 채우라는 나를 향한 기대라고 여겨왔다. 그래서 고개 치켜든 채 물옥잠과 마름에도 곁 눈길 한번 주지 않고 혼자 으스대며 살아왔지 싶다. 하나, 연잎과 뿌리와 연화가 어우러져야 연밭이 온전하듯이 네 자매가 한마음으로 살아가길 남몰래 원하였음을 이제야 알게 된다. 겨울의 연뿌리는 혹독한 추위를 견뎌내야만 봄에 새순을 올리고 한여름에 화려한 자태의 연꽃을 피우기 마련이다. 한핏줄 자매간의 향기도 마찬가지라는 생각이 든다.

구월이 되면 연꽃이 피었던 자리에 연밥이 여문다. 꽃이 피면서 열매가 생기는 것은 인과가 동시에 나타난다는 뜻인 만큼 꽃 속에 안긴 열매는 우리가 하나라는 것을 매년 알려준다. 내가 어려움을 견뎌내고 곧은 꽃으로 피어날 수 있다면 그것은 이복언니들의 따뜻한 시선 때문이다.

백련 끝자락의 맑은 기운이 다시금 온몸을 감싸는 듯하다.

도중하차

끼를 가진 사람들을 보면 참으로 부럽다. 춤과 음악의 끼라면 더더욱 그러하다. 예컨대, 축제 때 오프닝 축하무대에서 전자 바이올린을 켜며 화려한 율동을 취하는 음대생들이나 재즈 선율로 관중의 마음을 단숨에 휘젓는 색소폰 연주자에게 전율을 느낀다.

무대가 아니라도 좋다. 뜨거운 여름날 해변의 조르바 춤은 계절을 잊게 하고 세모의 거리에서 펼치는 무반주 아카펠라 공연은 가슴에 훈열을 일으킨다. 우연히 엘리베이터를 기다리다 맞은편에서 새어나오는 바리톤 소리라도 귀에 담는 날이면 그 자리에 꼼짝없이 매이게 되는 데, 이러한 행동은 오로지 끼 있는 자들에 대한 흠모의 마음 때문이다. 더군다나 초면일지라도 악기 하나쯤 연주한다는 사람 앞에 서면 나는 대번에 상대를 칙사 대접한다.

춤의 '끼'에 도전하고자 욕심을 부린 적이 있다. 수년 전 라틴 댄스의 매력에 이끌려 있던 참에 영국황실에서 내리는 자격증을 갖춘 춤 선생의 문하생이 될 기회를 얻었다. 감각적인 리듬에 맞춰 룸바, 차차차, 자이브, 파소도블레 스텝을 몇 계절 동안 흉내 내어 보았으나 도무지 늘 요량이 없는 엇박자 몸치임을 알면서 슬그머니 발을 떼고 말았다.

악기를 배우려는 첫 시도는 여고 시절로 거슬러 올라간다. 당시 단음의 하모니카를 줄곧 불어대다가 편두통으로 목이 잠기는 바람에 가족들은 쇳소리의 고통에서 벗어날 수 있었다. 또 울림통이 금 간 중고 기타 줄을 뜯어대느라 손끝에 굳은살이 박인 적도 있으나 기대했던 화음은커녕 비틀린 소리만 묻어나와 서너 달 만에 포기한 일도 있다.

한때는 손건반 소리에 매료되기도 했다. 성당 옆에 학습지 사무실을 내고 일을 할 때였다. 출근 시간과 미사 시간이 겹칠 경우가 많았는데 성당 앞을 지날 때면 조심스레 걷다가도 풍금 소리만 들려오면 까치발을 하고 유리문 안을 기웃거렸다. 사슴 목을 한 수녀님의 손끝이 흰 건반을 짚으면 내용도 모르면서 성가의 음을 낮게 따라 불렀다. 그 후 성당은 넓은 곳에 건물을 짓고 이사를 하게 되었는데 고맙게도 내 사무실 앞에 낡은 풍금을 버려둔 채 떠났다.

다행히 귀동냥으로 배운 피아노 덕에 어설프나마 음표의 높낮이 정도는 구분하여 동요 두어 곡은 흉내 내게 되었지만 이마저도 관객이 없을 때 가능한 일이다. 모셔온 풍금 앞에 체면치레라도 하고픈 얼뜨기 연주자의 몸짓이랄까. 그러니 그토록 경배하는 '끼'와의 인연은 아직도 무관하여 항상 외사랑만 하는 처지이다.

미련의 불씨가 느닷없이 솟구칠 때도 있다. 지인이 초대한 우리 춤 발표회를 보고 나면 장구 가락에 맞춘 무희들의 춤사위가 눈앞에 어른거리고 '원스'나 '어거스트러쉬' 같은 음악영화를 본 날은 강렬한 비트의 배경음악이 귓속에 잠겨 이명耳鳴이 일었다. 그동안 기웃거렸던 악기 중 하나라도 포기하지 않았다면 나도 한 번쯤 주인공 노릇을 할 수 있지 않을까. 매번 주변만 맴도는 허방 신세가 애석하기 그지없다.

그러던 중 모 예술인 단체에 수필가라는 꼬리표를 달고 입성하게 되었다. 그곳에는 지상파 오락 프로그램을 진행했다던 말재주꾼도 있고 연예인 도장이 찍힌 가수 자격증을 획득한 회원, 장구채를 두드리며 영남민요를 부르는 소리꾼 등 다채로운 인물로 가득했다. 모임이 끝나면 끼를 펼치며 한바탕 뒤풀이를 하는 그들에 비해 재주 없는 나는 이곳에서도 결국 주변만 서성댔다. 끼 있는 자들 속에 끼어 위안을 얻고자 했던 일 역시 부질없는 꿈이 되고 말았다. 이러니 끼는 언제나 나의 로망이요, 부럽다 못해 경배의 대상이 된다.

끼에 대한 무모한 도전도 세월이 흐르면 잠잠해지는 법. 내 손에서 멀어져간 악기들은 무능한 주인 탓에 전시용이 되어 버린 지 오래다. 녹슨 하모니카가 책상 서랍에 소리를 죽이며 갇혀 있고 현이 두 개나 끊어진 피아노와 한쪽 모서리가 이지러진 풍금이 베란다 모퉁이에서 오늘도 얌전하다. 몸피라도 닿으면 투두둑 양철지붕의 빗소리를 퉁기는 기타는 맹물신사로 전락하여 오다가다 눈맞춤이라도 해 주길 바란다. 더군다나 한때 딸아이의 손에 이끌려 다니던 바이올린까지 가세해 현을 늘어뜨린 채 고개를 삐죽 내밀고 있으니 그들에게 나는 죄인이나 별반 다름없다. 늘지 않는 실력을 빌미로 연이 닿았던 악기라도 붙잡아 두고픈 얄팍한 보상심리에 얼굴이 붉어진다.

돌아보니 무엇 하나 제대로 끝까지 버틴 것 없는 인생이다. 내 삶은 언제나 중간에 백기를 들고 도중하차하게 된다. 조급한 마음으로 서둘다 보면 늘지 않는 실력에 핑곗거리를 보태고 지름길을 찾으려 급선회하다가 제풀에 주저앉기도 한다. 한데, 나는 그 증세가 더 심하다. 심지어 달리기를 해도 중간에 엎어져 무릎을 깨기 일쑤이니 아마 내 몸에는 도중하차를 자극하는 호르몬이 유달리 많은 듯하다. 도착하기도 전에 또 다른 길에 눈 돌린 결과이다.

구석에 있는 기타 줄에 눈길이 간다. 옹졸한 주인이지만 반기는 기색이 엿보인다. 무딘 손에 닿자 그동안의 섭섭함에 억눌린 듯 음색이 고르지 못하다.

퉁.

퉁.

퉁.

다시 손끝에 힘이 실린다.

돌편지

세상의 모든 물상은 편지다. 자연이 인간에게, 인간이 인간에게, 인간이 자연에게 띄우는 언어의 문양. 그래서 그들은 어떤 물건이든 흔적과 자국을 새긴다. 종이에, 땅에, 바위에, 나무에……. 그중에서 가장 오래 남는 것은 바위에 새긴 편지다. 풍상과 풍설을 이겨낼 수 있는 편지지라면 바위가 제격이 아닐까. 나는 때때로 편지를 읽고 싶을 때 불멸의 문양을 찾아 길을 나선다.

바위산을 돌아

세상에서 가장 큰 돌을 찾아 떠나는 여행길이다. 튼튼이 선돌의 설화를 듣고 석벽의 모양새를 눈에 담았다가 마음조차 단단해지자 용기를 내었다. 지구의 중심에 있다는 호주의 에어즈락을 찾아 배낭을 멨다.

비행기를 네 번 갈아타고, 장거리 버스에 몸을 실은 채 일곱 시간 동안 사막길을 달렸다. 붉은 흙길을 지나면서 차가 덜컹댈 때마다 삶의 언저리가 떨어져 나가는 듯 몸은 점점 가벼워진다. 이국의 푸른 하늘이 담긴 하얀 소금강을 지나니 멀리서 다가오는 바위산이 보인다. 6억 년 전의 석산이다. 남극의 얼음산이 바다를 뚫고 솟은 것처럼 육지의 돌산이 검붉은 사막을 헤치고 우뚝 서 있다. 마치 커다란 돌확을 엎어둔 듯하다.

바위산의 일몰은 장엄하고 일출은 신성하다. 밤이면 차갑게 식었던 바위가 해 뜨면 뜨거운 심장처럼 우럭우럭 붉게 타오른다. 세월의 무게를 이고 있는 돌 허리는 둔탁한 칼날에 베인 것처럼 쩌억 갈라졌고, 표면은 고대인이 새긴 조각 문양 같이 움푹 파였다. 고사목도 규화목이 되어 곁을 지키고 있다. 바위산 주변을 탑돌이하듯 걸으니 원주민인 애버리진이 저절로 생각난다.

크로마뇽인을 닮은 붉은 사막의 현대인. 원시인의 외모를 지닌 애버리진은 그 옛날 이곳에서 부메랑으로 캥거루를 사냥했으며, 흰개미가 속을 파먹은 통나무 피리를 불며 축제를 열었다. 그러나 이백 년 전 백인들에게 땅을 빼앗긴 후 보호구역에 갇혀 낙후된 삶을 이어가고 있다. 오래전부터 이 바위산을 세상의 중심이라고 여겨왔던 토착민들은 지금도 가장 오래된 성소로 믿고 있다.

바위산의 무늬는 그 설화의 그림이다. 꿈쩍하지 않는 바위에 고스란히 남은 문자도는 나에게 잊힌 전설을 전해준다. 자연이 인간에게 던지는 무언의 주문이 아닐까. 나는 신발을 벗고 맨발로 걷는다.

돌벽을 지나

역사의 병풍이다. 돌에 새겨진 회랑의 그림은 멸망한 크메르 왕국의 실록이자 대서사시다. 사원 안 벽면 전체에 파노라마처럼 펼쳐진 부조는 전쟁과 왕국의 역사를 전해준다.

한때는 왕국의 마지막 도읍지였다. 전성기에는 백만 인구가 살았지만 어느 날 흔적 없이 사라진 의문의 도시가 되어버렸다. 돌벽 그림은 탐험가 앙리 무오에게 발견될 때까지 400년간 밀림 속에 묻혔다. 그동안 이끼 낀 석물 사이에 뿌리내린 열대나무들이 장엄한 세월동안 돌벽을 지켜주었다. 자연은 언제나 그 자리에 있는데 떠나고 사라지고 다시 찾는 이는 사람이다.

세월 속 역사를 찾아 빛바랜 석벽을 어루만져본다. 빈틈없이 늘어선 벽면은 세계에서 가장 긴 역사의 블록이다. 포개고 끼워 맞춘 돌벽에는 힌두교 신화와 앙코르 제국의 승전에 관한 이야기가 여백도 없이 그려져 있다. 메루산 언덕에서 신과 사람이 전쟁을 하고, 라마 왕자가 아내를 위해 마왕과 싸우고, 생명의 바다에서 탄생한 여신 압살라들이 승전무를 춘다. 수많은 압살라 중에

단 한 명의 동일한 압살라도 찾을 수 없다. 내 손길에 와 닿는 조각 하나하나가 밀랍처럼 부드럽기만 하다. 역사는 거칠지만 예술은 부드럽고 권력은 무디지만 석공은 섬세하다.

석공의 숨결이 느껴지는 회랑부조에서 크메르인의 삶을 읽는다. 역사의 경계를 훌쩍 뛰어넘은 신화의 화폭. 3만여 석공들이 새겨낸 천년의 문양이다.

어느 나라에서든 황제의 역사는 사라지고 도공의 예술은 남기 마련이다. 인간이 인간에게 보내는 묵언의 편지 앞에서 나도 모르게 눈시울을 적신다.

바위그림 앞에 서다

멀리 암각화가 물 위에 모습을 드러낸다. 반구대를 반월로 감싼 사연호에는 가을 산이 반쯤 내려앉아 있다. 수직의 절벽에 새겨진 고대 짐승들도 산 그림자와 어우러져 물결에 출렁인다.

수직으로 선 호랑이, 새끼를 거느린 수사슴, 떼를 지은 거북 등 삼백여 종류의 동물이 석벽 위에서 숨을 쉰다. 무리지어 하늘로 오르는 고래에게는 신성한 정기가 느껴진다. 동물들 사이에는 방패를 든 사람, 나팔을 부는 사람, 벌거벗고 춤추는 남자, 배에 탄 어부들이 섞여 힘찬 근육을 자랑하고 있다.

고대인들은 왜 바위그림을 그렸을까. 아마도 인간이 원하는 것을 바위에 새겨 신과 소통하고자 하였지 싶다. 강 언덕이나 물이 마른 강바닥에 모여 수확과 풍요를, 다산과 마을의 안녕을 빌지 않았을까. 가만히 지켜보니 고기를 잡고 사냥을 하는 게 아니라, 뭍 동물과 바닷물고기와 더불어 노니는 듯 보인다. 그들의 질펀한 축제 소리가 암석 아래로 흐르는 물소리와 함께 세속의 풍진을 씻어낸다.

선사시대 사람들이 그린 바위그림은 신에게 바친 서약이라 여겨진다. 남용하지 않고, 남벌하지 않고, 남획하지 않고, 최소로 필요한 것만 자연으로부터 빌린다는 마음을 약속한 것이다. 그렇게 생각하니 의미 없던 붉은 바위가 역사의 책장으로 바뀌어 진다. 그 반구대 그림이 일 년 중 절반 이상 물속에 잠겨있다. 인공댐을 만드는 동안 고대인들의 염원이 물속에 가라앉게 된 것이다.

그래서 이 벽화를 건져 올려야 한다. 반구대 편지는 인간이 자연의 법칙에 귀의해야 한다는 언약을 알려주고 있다. 고대인의 언약이 스러지기 전에 바위그림의 본뜻을 되살려야 하는 것이 아닐까.

나는 또다시 돌편지를 찾고자 지도를 펼쳐든다. 경주 읍천의 주상절리가 있는 곳에 눈길이 멈춘다.

견공지신犬公之信

개띠 해가 불끈 솟아올랐다. 장자산을 뚫은 해가 핏줄같이 꿈틀거리며 첫 하루를 시작한다. 하늘을 태우는 붉은 햇살이 새해 소원풀이를 하는 사람들의 가슴 가슴에 옮겨 붙어 활력을 돋운다. 365일의 첫 해돋이가 주는 기운은 사람의 움츠린 어깨를 펴 준다. 사방에서 희망이 툭툭 터지는 소리가 들린다. 새해 첫날 풍경은 해가 지나도 변함이 없다.

해맞이를 끝낸 사람들의 발소리를 들은 동네 개들이 요란스럽게 짖어댄다. 개도 자신이 올해의 주인공임을 알고 큰 목소리를 내는가 보다. 아니면 충직한 견공犬公으로서 성실하지 못한 사회에 대해 경고를 던지는지도 모른다.

예로부터 개는 사람들과 가장 친근한 동물이다. 충성, 정직,

성실의 표상으로 지킴이 역할을 잘해낸다. 나아가 사냥, 호신, 맹인 안내 등의 봉사를 하며 온몸으로 헌신한다. 집안의 행복을 지킨다고 믿어 민화에서도 많이 등장한다. 개처럼이 아니라, 개답게 산다면 이런 삶이 아닐까 싶다.

그러다 보니 개와 관련된 일화가 많다. 한국의 토종개인 삽살개(犮을 삽, 액운 살)에는 액운을 쫓는 개라는 의미가 있다. 천연기념물인 진돗개는 '오수의 개' 이야기를 비롯하여 의로운 설화를 많이 지니고 있다. 생전에 가람 이병기 선생의 서재에는 '때론 사람이 개보다 못할 수도 있다.'라는 현판을 걸어두었다고 한다. 현인들도 개의 성실성을 인정해 왔다는 것을 보여준다.

아마 개만큼 우리말에 자주 등장하는 동물은 없지 싶다. '개'를 빼놓고 욕하는 것이 불가능할 만큼 나쁘게 쓰인다. 하찮은 것을 말할 때는 개꿈, 개떡, 개발싸개, 개밥에 도토리 등이 사용되고, 요행만 바라다가 일이 잘못되면 개판, 개차반, 개코망신이라는 말을 해댄다. 실속 없는 허우대를 나타낼 때는 개기름, 개다리참봉, 개 핥던 죽사발 등으로 표현한다. 견공의 덕성을 따르지 못한 인간들이 자신들의 우행을 풍자한 해학미 넘치는 언어들이다.

우리들의 언어생활과는 달리 오늘날 견공들의 팔자는 몰라보게 달라졌다. 위상도 점점 높아지는 추세다. 도꾸, 워리, 메리로 대표되던 이름이 사라진지 오래고, 로즈, 뭉크, 키키 등으로 불리던 외국 이름은 삼순이, 삼식이, 효리라는 사람 이름에까지 도전장을 내밀고 있다. 인터넷 사이트에서는 '애견 얼짱 콘테스트'가

관심을 끌고, 국내 모 유통 업체의 애견매장에서는 '개의 해'를 맞아 한 달간 애완견의 토정비결을 봐 준다고 한다. 개 팔자가 '상팔자'를 지나 '특팔자'가 되고 있는 셈이다.

하지만, 개가 사람의 이름을 가지게 되고 지위와 신분이 변한다 할지라도 나름의 역할이 있기 마련이다. 그 역할은 각자가 수행하는 몫으로 결정된다. 만일 사람이 개보다 못한 일을 하면 개 같은 사람 또는 개보다 못한 사람이 되는 것이고, 개가 사람보다 나은 일을 하면 사람다운 개가 되는 것이다. 그러니 개띠 해만이라도 스스로 개 취급받는 사람이 없어야 한다.

앞으로는 비천함의 대명사로 많이 쓰이는 '개' 자가 적게 사용되면 좋겠다. '닭 쫓던 개 지붕 쳐다보는 격'이 아니라, '닭 잡은 개 주인 쳐다보는 격'의 당당한 모습을 지닐 수 있도록 사회 각 분야에서 믿음의 마음으로 제 몫을 다해야 한다.

매년 초에는 '근하신년'의 카드를 보내지만, 개띠 해에는 '견공지신犬公之信'이라는 글을 문 앞에 써 붙이면 어떨까 하고 잠시 생각해 본다.

햇동섬

늦은 퇴근길이다. 하늘은 단단한 어둠으로 조여있고, 거리의 불빛이 밤바람에 일렁인다. 미등이 흐릿한 밤안개를 비춘다. 낮에는 볼 수 없던 작은 하루살이들이 빛살을 뚫고 어둠 속으로 흩어진다. 잠시 속도를 줄여 그들을 비켜주는 여유도 가질만한 시간이다.

밤 숲길로 들어섰다. 굽이진 길을 타고 재를 넘어서니 나무들의 속살거림이 들려온다. 진달래꽃도 지고 동백꽃도 떨어진 봄의 끝자락에 무성한 초록 잎만 남았다. 이팝나무는 잔가지를 흔들며 마지막 봄을 털어낸다. 산 어귀의 아카시아와 토끼풀이 하늘과 땅을 마주하며 하얗게 깨어난다. 시심詩心이 몸을 툭 건드릴만한 풍경이다.

자정 무렵에 지켜보는 고요는 늘 남다르다. 구름이 걷히고 머금었던 우렷한 빛들이 스며 나오면서 어둑했던 산길이 꿈틀꿈틀 똬리를 풀기 시작한다. 엉긴 단어들이 머릿속에 고여 있다가 사방으로 흩어진다.

밤멀미를 피할 겸 차에서 내려 나무를 바라본다. 담쟁이덩굴이 노송의 밑동부터 휘추리까지 친친 둘러 감으며 기어오르고 있다. 줄기마다 흡착근을 깊게 내린 생명력이 놀라워 덩굴 잔가지를 하나 꺾어 살짝 깨물어 본다.

내 마음의 글샘에도 옹골찬 생각이 차오르기를 바라지만 옭아맨 글줄기는 세월 먹은 새끼줄마냥 툭툭 끊어지고 만다. 하고픈 말이 글로 옮겨지지 않아 자꾸 마음만 계절을 앞질러 간다. 한여름의 세찬 계곡물 소리를 떠올리고, 가을 산의 붉은 아우성에도 귀 기울여 보며, 설국의 계절도 생각해 본다. 그러나 떠올려진 글자들은 배배 마르고, 갈지 못한 문장은 무딘 칼날 같고, 성긴 글은 거치적거리기만 하다. 생각의 구덕에는 잡념의 무게만 쌓여진다.

밤바다로 고개를 돌린다. 찰찰찰 차오르는 바닷물 소리가 다가온다. 바위는 상처 난 파도를 잠재우려고 보득솔 그림자를 한껏 끌어당긴다. 등댓불이 휘돌며 까물거린다. 실눈을 뜨고 생각 줄기가 될만한 것을 찾아본다. 검은 바다가 섭섭하도록 돌아앉은 작은 섬이 보인다. 미처 굴려내지 못한 언어들이 마음에 갇힌 채 꿈쩍하지 않는 모양 같다. 물속에 잠겼던 바위가 파도 위로 드러나는 모양을 보니 글의 씨앗이 터질 것 같기도 하다. 봉긋한 글의 씨앗, 그 모양새를 지닌 섬을 어디선가 본 듯하다.

대가야 유적지인 고령의 고분군에 간 적이 있다. 비탈진 산길을 따라 천천히 걸었다. 능선에는 봉분들이 낙타 등처럼 줄지어 솟아 있었다. 봉분 위에는 길섶에서부터 피기 시작한 하얀 개망초가 수의를 입혀놓았다.

사막의 낙타
섬을 지고 다니는 낙타

뙤약볕에 타고 있는 봉분을 보며 능비탈에 앉았다. 오월 햇살은 겉눈을 가리고 심안心眼을 드러내 주며 무딘 살갗을 태워 심감心感을 일깨우게 해 준다. 봉분의 잔디를 손길로 쓰다듬는다. 천오백 년 전 고대인들의 숨결이 느껴진다.

우륵의 가얏고 소리가 들려온다. 소리는 울림으로 이어져 바람을 타고 계곡을 넘어 사람을 흔들었을 것이다. 그 울림은 다시 사람과 사람의 마음을 넘나들며 흔들리고 구르고 굽이치면서 깊고 크게 때로는 애절하고 절박한 떨림의 몸짓으로 실려갔을 것이다. 이제 망국의 음이 되어버린 비창한 가야금 선율은 봉분 속으로 스며들어 멸망한 왕국의 아픔만이 까슬하게 전해준다.

봉분은 땅 위에 드러난 섬이다. 왕의 무덤은 가야의 역사를 담은 언어의 무덤이라 할 수 있다. 그 속에는 지금까지 읽어내지 못한 언어들이 가득 차 있다. 왜 가야백성들은 신라인들과 다르게 왕을 평지에 묻지 않고 하늘 아래 언덕에 묻었을까. 죽어서도 높은 곳에 자리 잡아 백성을 다스리기를 바라는 마음이 있어서일까. 아니면 그들의 권위에 제대로 숨 쉬지 못했을까. 봉분은 가까이 기대어 선왕의 체온을 느껴보라 하고, 귀 기울여 순장된 신하의 한을 들어라 눈짓한다. 개망초가 바람결에 흔들리니 대가야의 전설이 다시 살아 숨 쉰다.

섬은 흔들리지 않는다. 바다의 섬은 갯바람과 거친 파도에도 묵묵히 버텨나간다. 산의 섬은 골바람과 차디찬 폭설에도 봉분 끝으로 위엄을 지킨다. 바다의 섬은 등댓불이 감싸 안고 산의 섬은 달빛이 지켜준다.

지금 내 마음에도 작은 섬 하나를 품고 있다. 그 섬은 글의 씨앗을 보듬고 새순을 틔우고자 밤새워 이슬을 맞기도 한다. 마음의 섬은 스스로 지켜가야 한다. 과욕의 버캐를 걷어내고 해풍을 견딘다면 언젠가 언어의 물살에 흠뻑 젖어드는 날이 올 게다.

송간松間을 비집고 들어오는 새벽공기를 한 모금 들이키니 비워낸 몸이 가벼워진다. 마음의 행간行間에 햇동이 고이기 시작한다.

동살에 글이 꿈틀댄다.

떠날 수 없는 배

바다 아닌 바다를 본다. 철새들의 발길을 담은 샛강 물줄기가 바다와·몸을 섞는다. 바다 갈매기와 늪의 고니가 어울려 살아가는 곳. 그러나 머지않아 갯벌을 묻고 육지가 될 바다. 수평선에 떨어지던 해마저 지평선 위에 곤두박질칠 이곳 해안. 서해의 돌출된 곶串에 자리한 작은 포구. 새만금 물막이 공사로 어장과 갯벌을 잃은 심포항이 생을 마감하는 중이다.

항구를 한 바퀴 돌아 나오면 바다였던 땅을 만나게 된다. 김제 만경 너른 들 옆의 거전갯벌이 지평선과 맞닿은 채 고요하다. 몇 년 전만 해도 사시절 백합과 꼬막을 캐던 풍요롭던 뻘밭이 황무지가 되어 굳어 간다. 까칠해진 모래 위로 발걸음을 내디딜 때마다 돌부리를 제치고 피어난 수초가 밟힌다. 폐사한 조개들의 마른 몸피가 붉은 칠면초 사이에 널브러졌고, 소금기를 찾아 올라온 나문재나물이 자꾸만 옷자락을 잡아당긴다. 멀리 보이는 고기잡이 그물과 버려진 통발 따위가 지난날 왕성했던 시절을 말해주고 있다.

다시는 바닷물이 들지 않을 땅. 소금밭도 사라졌고 갈매기도 찾지 않는 모래톱. 이곳 갯벌은 이제 숨을 쉬지 않는다. 한때 생명의 터전이었던 수천 년의 갯벌이 개발광풍을 맞으면서 사라진 것이다. 바다에서 삶을 이어가던 어민들은 바다가 막히면서 생계도 함께 막혔다. 그들은 모두 어디로 갔을까. 구불구불한 갯고랑은 어민들의 상처 난 가슴을 닮았다. 바다와 갯벌을 떠나서는 살아갈 수 없는 그들의 한숨 소리도 갯골 따라 묻혀버렸다. 오가는 사람들은 이제 갯벌이 지켜주던 과거에는 관심도 없다. 대신 새로 생긴 땅의 경계를 긋는 일에 눈을 밝힐 뿐. 나는 지도가 변하는 기점에 서서 남은 바다 냄새라도 맡을까 하여 깊은숨을 들이켜 본다.

그때 목선 한 척이 눈길을 잡는다. 닻을 내린 배가 낮은 물길 위에 그림처럼 놓여 있다. 사막의 와디 같은 물줄기가 바다들판 위에 고여 있다. 그나마 인근에 있는 만경 강물이 잊지 않고 흘러온 것이다. 바다는 등을 돌린 채 다시는 몸을 섞지 않는데 강물만 낡은 배 곁에 매달려 미련을 버리지 못하는 형국이다. 주인마저 떠나버린 고깃배는 물길 따라나설 바다가 없고 다시 들어와 정박할 포구도 없다. 할 일 없어진 배가 물때를 그리워하며 소금 바람에 흔들린다.

나는 이제 심장을 잃었어요.
닻을 내린 내 몸은 피돌기가 멈췄지요.
어판장에 드나들던 날품 같은 인생이었지만
강과 바다를 이어주던 나의 몸뚱어리에
물살과 함께 안아 들였던 온몸의 상처
비릿한 바다 내음 목판에 배어 있는데
강물이여 제발 나를 바다로 떠밀어 주세요.

나는 이제 꿈도 잃었어요.
육신은 옛 모습 그대로인데
비워낸 속내는 소금기에 삭고 바람결로 야위어가요.
등댓불 깜빡이는 출어 때가 되면
첫 집어등 켜던 설렘을 잊지 못해
어부의 기침 소리 가슴으로 듣는데
바다여 차라리 내 몸을 파도 속 깊이 묻어 주세요.

흐르지 않는 강에 갇힌 배. 우리는 종종 그러한 생을 만난다. 시골길을 걷다 보면 토담 옆에 그림자처럼 쭈그리고 앉은 노인. 백발이 성성한 야윈 노구를 하고서 지는 해를 하염없이 바라다보던 눈빛을 읽을 때가 있다. 삶의 거대한 파도에 밀려 들판이라는 강에 오래도록 정박 중이던 사람. 차마 고향의 논밭을 두고 갈 수 없고, 노인의 아버지의 아버지가 심었을 늙은 감나무를 등진 채 돌아설 수 없다. 그러나 무엇보다 그의 어린 자식들 웃음소리가 담긴 고향집을 버릴 수 없기에, 감히 도시의 물길을 찾아 나서

지 못했을 게다.

닻을 올리고 훨훨 떠나고 싶은 것이 어찌 폐선뿐일까. 퇴락한 정자 옆에서 수백 년을 지키던 은행나무. 잎이 무성했던 젊은 시절을 뒤로 한 채 이제 열매 한 톨 맺지 못하는 서러움을 깊게 파인 나무 주름에서도 읽을 수 있다. 날 수 없는 작은 새. 그리고 바람마저 잠자는 빈집……. 고요가 이리도 가슴 저밀 줄이야.

그 옛날 번성했을 꼬막횟집 간판 사이로 고기잡이를 멈춘 낡은 배가 갯바람에 삐걱대고 있다. 언제 다시 힘찬 엔진 소리를 내며 바다로 나아갈 수 있을까. 갯벌 갈대숲에 백로의 울음소리가 깊어진다. 창해상전滄海桑田이 되어버린 땅에서 새들도 떠날 채비를 한다. 인기척에 놀란 백로 무리가 일제히 하늘로 치솟는데 휴선한 척만이 남은 갯벌을 지키고 있다.

사람들이 떠난 빈자리도 이보다 적막할까.

북 치는 나무

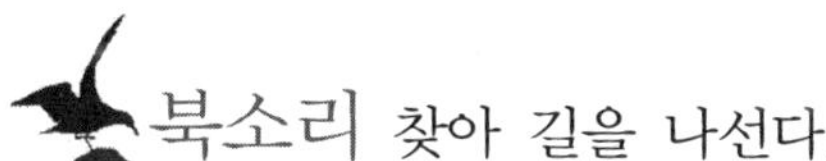
북소리 찾아 길을 나선다.

세상에서 가장 큰 북을 매단 나무를 만나고 싶어 의령길을 찾았다. 세상에는 그 북보다도 더 큰 북이 있을 테지만, 나라를 구하고자 매단 북보다 더 큰 북이 어디에 또 있을까. 그러한 생각을 하며 유곡천을 건너니 들판 한가운데 아담한 마을이 보인다. 세간리 마을이다.

마을 어귀에 들어서자마자 동체 굵은 둥구나무 한 그루가 눈에 들어온다. 우뚝 선 나무 밑으로 한적한 마을이 팔월의 뜨거운 계절 속에 평온하게 잠들어 있다. 느티나무에서 울려나오는 매미소리만이 마을의 평화를 잔잔하게 깨트리고 있다. 그것은 시끄러운 소리가 아니라 이 마을에 들어서는 사람이면 누구나 깨어 있으라는 경종의 소리다. 동네를 지키는 소리 나는 솟대랄까. 사람의 마음을 울리는 당산나무랄까. 마을의 지붕 하나하나까지 그 나무 밑에서는 다소곳이 고개를 숙인 듯하다. 나 또한 마을의 엄숙하고 조용한 분위기를 감히 깨트릴 수 없어 발자국을 죽여 나무를 향해 다가갔다.

나무 허리에는 색색의 금줄이 매어져 있다. 당산나무로서 마을을 지켜온 표식이다. 붉고 노랗고 푸른 오색의 색깔이 어떤 것은 낡고 어떤 것은 새것이다. 사람들이 이 나무를 얼마나 소중히 여기고 있는가를 한눈에 알 수 있는 징표다. 마치 마을 주민들이 금빛 허리끈을 매어준 것처럼 보인다. 동네 사람들은 그 나무가 영험한 힘으로 마을의 악귀를 물리쳐준다고 믿어 지금도 금줄을 매고 제를 올려 받든다.

하지만, 이 나무는 보통 동네의 당산나무와 다르다. 북 치는 나무이기에 남다른 대접을 받는다. 그때 나무 밑에서 무더위를 피하고 있던 노인 한 분이 다짜고짜 이 나무에 대해 자랑을 아끼지 않는다. 나무가 북을 매달고 있었다고 설명해준다. 그러고는 대뜸 이 나무에 귀를 기울이면 무슨 소리가 들리는지 맞추어 보라고 이야기를 건넨다.

현. 고. 수.

북을 매단 나무다. 매달 현懸, 북 고鼓, 나무 수樹, 현고수란 이름을 얻은 나무다. 현고수라고 이름 붙여진 까닭은 임진왜란이 일어났을 때 의병대장 곽재우 장군이 북을 매달아 쳤기 때문이다. 전국 최초로 의병을 모아 훈련을 한 역사가 깃든 나무가 이제 마을을 지키는 서낭나무로 우뚝 섰다. 물론 그전에도 그랬을 것이다. 장군이 나무에 북을 매단 까닭은 마을의 수호신이기 때문에 나라의 수호신도 될 수 있다고 믿었기 때문이 아닐까. 우람한 모습으로 보아 가히 전승목戰勝木으로 불러줄 만하다. 세 사람 정도 붙어야 겨우 붙잡을 수 있는 아래 둥치 하며 사방으로 뻗은 가지가 당당하기 이를 데 없다. 현고수야말로 마을의 터주 어른이다. 집안 어른 주위에 식솔이 모여들듯이 현고수 주변에 마을 주민들이 모여든다. 그렇게 생각하니 내가 여기에 온 것이 무언의 부름을 받은 것 같아 뿌듯하고 이제야 온 것이 죄송스럽기도 하다.

나는 나무 밑에 있는 노인에게 "북소리가 들리는 듯하네요."라고 대답해 주었다. 그러자 주변 노인들의 얼굴에도 환한 미소가 퍼져간다. 아직도 현고수는 북소리를 머금고 있기에 소리를 듣고자 하는 이에게 울림의 파동을 전해주는 것이라고 여겨본다.

현고수는 역사의 나이테로 자란다. 육백 년 세월을 거친 몸피는 그간의 자랑스러운 역사를 말해주는 듯 넓은 그늘을 드리우고 있다. 찬찬히 나무를 살펴보니 성한 것만은 아니다. 어찌 오랜 세월을 제 몸으로 버틸 수 있을까. 몸체 중간 중간에는 빈속을 채워놓은 수술 자국이 선명하다. 하지만, 그 수술 자국조차 목질로 변하고 있는 듯하다. 용감하게 싸운 의병들의 혼이 고스란히 지금까지 살아왔음인지 윗가지와 무성한 잎은 생생하기만 하다.

한쪽 가지가 휘어져 있다. 북을 걸어둔 흔적일까. 어쩌면 최초로 의병을 일으킨 장군의 기백에 스스로 몸을 굽힌 것은 아닌지. 몸을 굽힌다는 것은 항복을 뜻하기도 하지만 충절에 감복하는 뜻이 더 클 게다.

속리산 법주사 앞에도 정이품송 나무가 있다. 그 나무는 세조가 탄 수레가 지나갈 수 있도록 가지를 들어 올려 길을 내주었기에 임금으로부터 정이품송의 품서를 받았다. 현고수는 그 나무처럼 국가에서 인정하는 벼슬을 얻지는 못했지만 충심에서는 더 높다고 생각된다. 임금에게 고개를 숙인 것보다 나라를 구한 의병에게 고개를 숙였으니 더 의의로운 민중의 나무라고 할 수 있겠다.

현고수 곁에 바싹 다가서 본다. 나무에 기대어보기도 하고 귀를 대기도 하고 두 손을 뻗어서 껴안아 보기도 한다. 내 손이 옛 사람들의 체구를 만지는 것 같다. 장군도 전장으로 나서면서 비상한 각오로 나무둥치를 어루만졌을 것이며 북소리를 듣고 모여든 의병들 또한 나뭇등걸에 손을 얹고 현고수 결의를 다지지 않았을까. 그들에게 이 나무는 단순한 나무가 아니라 조국과 민족 그 자체일 것이다. 내 생각에 동의라도 하듯 나뭇잎도 바람에 일렁거린다.

현고수 주위를 천천히 돌아본다. 떠나야 할 발걸음이 아쉽기만 하다. 나는 지금까지 가장 선한 것은 물이 아닐까 하여 상선약수上善若水라는 말을 무척이나 좋아했다. 그러나 이제 세상에서 가장 의로운 것은 나무가 아닐까 싶다. 물은 세상 순리에 따라 위에서 아래로 흐르지만, 나무는 인본의 도리에 따라 아래에서 위로 오르는 것이 아닌가. 그렇게 생각하니 내가 앞으로 마음속에 지녀야 할 말은 상선약수上善若樹라고 여겨진다.

돌아오는 길 내내 귓전에서 북소리가 그치지 않는다.

고산孤山을 읽다

기장 일광 해변.

나무 숲인 강송정에서 학리 어구까지 모래사장이 아늑한 원을 그리며 펼쳐져 있다. 멀리 보이는 갯바위 주변에는 조사釣士들이 고송마냥 드문드문 앉아있다. 석양 사이로 배 한 척이 고요하다. 일광팔경 중 '학포범선'이라 한 말이 윤선도의 「어부사시사」와 함께 떠오른다. 해 질 녘 학리 포구에서 붉은 낙조 속으로 흰 돛을 올리고 무리 지어 오선이 출어하는 광경을 일컫는 말이다. 순풍에 돛을 단 배가 고기를 잡아 생계를 유지하는 상황이 아니라 풍류를 즐기려는 듯 물살을 따라 유유자적하다.

일광해변에는 몇 해 전에 세워진 고산 윤선도 선생의 시비가 있다. 그는 조선시대 3대 가인으로 시가문학의 최고봉을 이루었으나 정치권력에서 소외된 남인으로 세 차례의 유배 생활을 했다. 그것만으로 그는 조선사회의 풍운아다. 고산이 30세 되던 해, 국사를 마음대로 전횡하던 이이첨 일파의 죄상을 밝히는 상소문을 올렸는데, 그것이 화가 되어 이듬해 함경도 경원으로 유배되었다. 그 후, 고산은 기장으로 다시 이배되어 5년 가까이 이곳에서 귀양살이를 하였다.

학리포구 백사장 위에 삼성대가 있다. 유배지를 방문하였던 동생 선양과 이별하였던 곳으로 알려져 있다. 삼성대 위로 올라서자 그 옛날 고산의 서러웠던 심사를 전해주는 듯 눈발이 흩날린다. 유배 중인 어느 해 겨울, 서울에서 선양이 찾아와 납전해배를 제안한다. 하지만, 곧은 성품 때문에 돈을 내고 유배를 푸는 시세를 따르지 않고 거절하였다. 그때, 선양을 떠나보내며 '네 뜻을 따르자니 새로운 길 얼마나 많은 산이 막을 것이며 세파를 따르자면 얼굴이 부끄러워짐을 어찌하리오.'라는 시 두 수를 지어주었던 곳이다.

고산의 첫 번째 유배생활은 대부분 기장에서 보냈다고 할 수 있다. 그런데 연보를 보면 고산의 나이 33세 때 3남 예미를 낳았다고 나온다. 고산이 예미를 기장에서 낳은 점을 보아 당시 가족과 함께 유배생활을 하지 않았나 짐작해 볼 수 있다. 또, 기장 유배생활 중에 양아버지 윤유기가 세상을 떠나 유배지에서 상喪을 치르기도 했으며 이곳에서 십여 편의 글을 남겼다. 고산은 병마에 시달리는 주민들을 외면하지 않았다. 마을 뒤 봉대산의 약초를 캐어 환자들을 보살폈기에 서울에서 온 의원님이라 불렀다는 이야기가 구전되고 있다.

죽성포구를 둘러본다. 포구는 방파제로 둘러싸였고, 방파제 너머 거북섬 위에는 갈매기 떼가 그림처럼 앉아있다. 이곳은 수년 전까지만 해도 백사장과 해송림이 펼쳐져 있었으며, 뒤쪽으로 죽성리 왜성이, 북쪽에는 용두대가 해안의 절경지를 내려다본다. 때마침 통발배 한 척이 석양 그림자를 끌며 물살을 가른다.

기장은 동해 모퉁이의 해가 맨 처음 뜨는 곳이다. 죽성리 왜성에서 바다 쪽으로 가면 두호마을 중간쯤에 기장의 눈알 같은 황학대를 만날 수 있다. 연황색 바위가 길게 한 덩어리를 이룬 채 바다에 돌출된 곳으로 본래 이름은 학바위다. 실제로 황학대는 옛날 신선이 황학을 타고 하늘로 올라갔다는 중국 양쯔강 하류에 있다. 고산은 이태백, 도연명 등 많은 시객이 찾아 놀던 황학루를 이곳에 견주었고, 지형 또한 금빛 학이 날개를 펴는 모습과 닮았기에 스스로 황학대라 불렀다. 기행체 가사인 「차성가」에도 '두호에 닻을 놓고 왜선창에 줄을 맨다. 황학대 어디메뇨 백운이 우유하다.'라고 묘사되어 경승지임을 알려 준다. 당시 이곳에는 초가만 몇 채 있었고, 죽성천 강물이 바다와 만나는 곳에 백사장이 있었다고 하는데, 고산은 파도소리를 벗 삼아 자신의 시름을 달래는 장소로 삼았으리라.

황학대 남쪽 암벽에는 기장 출신의 벼슬아치들이 새긴 각자가 보이는데 진사 방치주의 친필인 '황학대'라는 세 글자가 아직도 선명하다. 황학대에 오르면 곰솔과 동백 향이 묻어나는 바닷바람의 기운을 느낄 수 있다. 예전에는 화가들이 찾아와 풍경화를 그릴 정도로 풍광이 뛰어났던 곳이다. 하지만, 안타깝게도 당국의 무관심으로 황학대는 점차 황폐해져가고 있다. 태풍 매미 때 파손되었다는 황학대 표지판은 복구되지 않았으며, 병든 노송이 힘없이 기울었고, 그을음이 묻은 바위 등이 보는 이를 안타깝게 만든다. 황학대 모퉁이에는 컨테이너 박스가 방치되고 각종 폐어구와 생활쓰레기가 널브러져 있다. 그 곁에서 어민들이 무심한 표정으로 미역을 말리느라 분주하다. 세한고송은 그대로인데 인걸은 간데없다.

고산의 문학은 사실에 바탕을 두고 풍부한 상상력과 참신한 이미지를 구사하였기에 자연시인이라 불리었다. 고산의 성품을 가장 잘 표현해 준 것이 「오우가」이다. 오우가는 윤선도가 해남 금쇄동에 은거할 무렵 지은 것으로 『산중신곡』에 수록돼 있다. 맑고도 그칠 때 없는 물, 변치 않는 바위, 지하의 뿌리 곧은 솔, 사시절 푸른 대나무와 보고도 말 아니하는 동산의 달을 평생 친구로 삼는다는 내용이다. 그러나 그는 오우가나 어부사시사처럼 자연을 벗 삼고 유유자적하게 산 사람만은 아니다. 조선의 정치와 경제와 사회에 대하여 조정에서 치열하게 논쟁을 하고 상소를 하고 직언을 한 선비였기에 사직과 유배를 반복하는 고초를 겪었다.

함경도 경원으로 첫 귀양을 갈 때에는 조생이란 기생과의 일화로 「희증로방인」이란 시를 남기기도 했다. 선생이 압송 중 홍원에 이르니 조생이 술과 안주를 가지고 맞이하면서, "내가 벌써부터 영감의 이 행차가 있을 줄 알았습니다." 하였다. 의리만을 생각하고 시류에 영합하지 못하는 상소를 올려서 이 지경이 된 것 아니냐는 뜻이다. 이에 고산이 '내 일이 진실로 제때가 아닌데, 너는 알았지만 나는 알지 못하였네. 글을 읽었으나 너만 못하니 나야말로 바로 천치天癡로다.'라는 시를 지어 사례하였다. 이 때문에 조생이란 기생의 이름이 서울에 알려지게 되었고, 이러한 내용은 남원 의병장 조경남이 쓴 야사 『속잡록』에 기록되어 있다.

경원에서 기장으로 이배되어 떠날 동안 고산은 사십여 편의 한문시 외 순수 우리말을 되살린 시조를 남겼다. 현재 전하는 고산의 시는 사백 편이 넘는다. 고산의 사상을 요약하면 도가 중심이 되고, 문은 부수적인 것이 된다. 즉, 문은 도를 실을 때 의미가 있는 것이지 기교에만 치우치거나 경박한 쪽으로 흘러서는 안 된다는 것이다. 고산에게 있어서 흥취는 유학의 도리를 벗어나서는 존재할 수 없다. 깊은 산골짜기에 들어가 있든, 신선이 되어 있든 어떤 경우라도 도를 가장 중요하게 여겼다.

평생 이십여 년의 유배생활과 그에 상응하는 은거생활을 하였으나 고산의 직언은 지금도 용기 있는 선비로 우리 가슴속에 남아 있다. 문정공 허목이 쓴 고산 윤선도 신도비명 중 묘명에 새겨진 "비간은 심장을 쪼갰고 백이는 굶어 죽었으며 굴원은 강물에 빠졌는데 공은 궁하면 더욱 굳으며 죽게 되어도 변치 아니하였으니

의를 보고 죽음으로서 지킨 것은 동일하다."라는 글을 되새겨 볼 때다.

이제는 고산의 유배지를 지키던 동해남부선의 간이역 일광역도 사라졌다. 포구의 갈매기들만 그의 시를 지켜내려는 듯 끼룩거린다. 환청과 환시가 어찌 나만의 것인가. 고산을 그리는 오우들이 모두 그러할 것이다.

서사의 이중주, 흔들리는 길과 비상의 날개

박 양 근 (문학평론가, 부경대학교 교수)

인간은 노력하는 한 방황한다. 방황하면 흔들리고 흔들리는 것은 삶을 추구한다. 그런 삶 가운데 선 사람이라면 글을 쓸 수 있다. 보통의 길은 좀처럼 흔들리지 않지만 김정화 수필가가 걷는 길은 흔들린다. 당연히 움직이지 않는 길을 따라온 경우와 달리 그의 글은 길과 조합을 이룬다. 물과 바람과 나무가 흔들릴수록 깊은 생명을 갖는 이치와 같다.

수필이 존재하는 이유가 있다면 개인의 생활을 진솔하게 드러내는데 있을 것이다. 솔직한 표현과 깊은 진실이 수필의 지향점이지만 대부분의 수필가는 자신을 가벼운 존재로 만들거나 박제된 삶만을 인쇄해낸다. 그러나 김정화의 글은 "투명한 물"보다 몸을 낮추는가 하면 "죽음의 밑바닥"에서 솟아오르기도 한다. 삶과 욕망이 살아 있다는 뜻이다.

김정화가 처음으로 상재한 『새에게는 길이 없다』에 투영된 길도 마찬가지다. "새벽 재첩장사를 나선 어머니의 십 리 고샅길"에서 시작한 그녀의 걸음은 "달꽃 터지는 해풍의 길"을 지금도 돌고 있다. 그 늦은 길을 홀로 걸어오는 동안 "시퍼렇게 속 멍이 들어도" 파도 속의 "여"처럼 올곧게 삶을 지켜낸다. 그녀에게 삶과 수필은 이처럼 "거룩"하다.

김정화의 수필은 일상적 산문과 거리를 둔다. "세상의 모든 물상에게 보내는 편지"이고 "혼이 빠져버린 얼후 연주음"이 아니라면 "마음 한자락 적시는" 시랄까. 바흐친은 대화론에서 '언어적 다양성'은 서로 얽히고설켜 하나의 소우주를 형성한다고 말하고 벤야민은 알레고리론에서 각각의 별은 무의미하나 모여 있는 별은 유의미하다고 설명한다. 김정화의 수필집을 대하면 두 문학평론가의 말이 저절로 엮어질 정도로 다양한 스펙트럼을 만날 수 있다. 가슴 아픈 기억이 "꽃대를 박차고 치솟은 연꽃 같은 자태"로 서기도 하고, 외로움과 그리움은 "나비의 날개가 부딪치듯 교감된 문장" 속에 놓여 있기도 한다. 삶과 죽음이 교차하고 희망과 절망이 함께 어깨를 건다. 이러한 "불멸의 문양"만으로도 수필이 김정화를 간택하였다고 말할 정도로 그의 언어망에는 비익조가 둥지를 틀고 있다. 그 날개를 함께 타려는 독자가 있다면 자신도 바람으로 흔들려야 할 것이다.

바람으로 켜는 현의 꿈

김정화는 삶의 한가운데에 선 작가이다. 당연히 글도 "동動과 정靜의 엄숙한 만남"을 이룬다. 동과 정이 만나는 곳은 막다른 골목처럼 가슴을 막막하게 한다. 소위 아포리아aporia에 부딪힌 셈이다. 아포리아는 두 가지 선택을 준다. 하나는 그냥 무너져 버리는 것이며 다른 하나는 사색의 깊이를 더해가는 것이다. 시련을 조용히 겪을수록 "깊이" 흔들리는 수평과 수직의 폭은 "사람의 아픈 마음을 헤아리는" 인식을 넓혀준다. 삶의 문제점을 명확히 짚어 내는 아포리아는 미래지향적인 아우라를 만들어 낸다. 그렇다면 김정화의 꿈은 어디에서 시작하는가.

> 단. 칸. 방.
>
> 어릴 적 우리 집은 방이 하나밖에 없었다. 들판 한가운데 내려앉은 둥근 초가지붕 하나. 마당과 경계 없이 사방으로 탁 트인 논과 밭. 새들의 울음을 싣고 흐르던 낮고 긴 강. 둥글게 그어졌던 지평선 그림자. 그리고 네 식구가 누우면 군불이 약해도 훈훈하기만 했던 방. 내가 태어나 이십 년 동안 살았던 그곳은 어머니의 자궁처럼 편안했다.
>
> -「자기만의 방」 일부

논두렁으로 에워싸인 어린 시절의 "단칸방 외딴집"은 외부 속인들이 감히 범할 수 없는 안식처였다. 그곳에서 한문과 만세력과 셈본을 배우면서 세상 살아가는 이치를 체득하였지만 성장한

후 혼자 감당해야 한 세상은 녹록지 않았다. 좌절이 이어질 때마다 그녀는 흔들렸지만 버텨냈다. 7월의 산나리처럼 그녀를 서도록 한 것은 "탁자가 하나 놓인 조그만 내 방"을 갖는 꿈이다. 그 꿈을 이루기 위해 틈만 있으면 책을 읽었다. 어른이 되어서는 다른 집 아이들에게 글을 가르쳤다. 수필작가로 등단하고 대학원에서 국문학을 전공하였다. 그동안 작가는 자신의 방을 가져야 한다고 말한 버지니아 울프처럼 조그만 방을 "성찰의 자리이고 희망의 공간이며 문학의 산실"로 만들었다. 아포리아가 토포필리아로 변하면서 작가정신이라는 초자아를 형성해준 셈이다.

김정화의 작가정신은 여러 공간에서 이루어진다. 속俗과 성聖을 가리지 않고 그가 자리하는 곳이라면 어디든 글의 곳간으로 변한다. "새들처럼 소리를 지르고 싶은" 인적 드문 우포늪, "이십 년 만에 걸은 둑방길 끝에 자리한" 초가집 터, "소리 없이 찾아온 눈발"이 내린 강화도, 백송이 반기던 남천 강변의 월연정, "샛강에 갇힌 배"를 지켜본 서해 갯벌, 자신도 "지애한 정운, 최애한 당신"으로 불리고 싶었던 이영도의 애일당은 문학의 꿈을 쌓아온 정靜의 세계이다. 그런가 하면 수의가 "혼의 배내옷"임을 깨달은 연극 무대, "유주유락 무주무락"의 시구를 읊조린 막걸리 술집, "연緣의 연蓮"이 만나 맑은 웃음을 터트린 춘천 호반, "뽕짝 인생"을 소리 높인 노래 교실, "맨발로 열사를 달린" 호주의 에어즈락, 그리고 이상과 구보의 문학적 향취를 뒤따른 종로 거리는 동動의 길이다. 두 공간은 작가의 "마음고름"을 풀어 "넋집 같은 글"터로

닦여진다.

이스터 섬의 석상 같았던 그녀를 상승시킨 변환점은 "눈 내리는 강화도"다. 김해에서 태어나 부산에서 산 그녀에게 강화도라니. 그러나 "죽음 같은 신열"을 삭히고 어머니의 마지막 모습에서 자신도 "딸의 어미"라는 현실을 접한 곳이므로 마침내 "눈밭을 더듬어 생활 속"으로 돌아온다. 강화도가 눈발로 어머니의 얼굴을 떠올린 곳이라면 부산은 작가의식과 딸의 존재가 함께 공존하는 땅이다. 부산에 둥지를 틀면서 그녀는 비로소 "하늘을 올려 볼 수" 있다. "백의를 입은 송백"이 내는 소리를 들으며 "한번 살아봐야겠다."고 속외침도 한다. 덩달아 글도 싸리나무처럼 부드러우면서 "석목처럼" 튼실하게 변한다.

> 백화송 가지에 찰나의 순간 동안 바람이 얹힌다. 가만히 지켜보면 가지는 우는 것이 아니라 전율의 몸을 떤다. 연주자가 거문고의 현을 켜듯 바람이 가지를 켜는 것이다. 지난여름 내내 붉은 이야기를 피워 올리던 배롱나무도 백송 곁으로 다가선다. 여린 듯 강인한 백송의 몸피를 닮으려는 몸짓이다. 그 모습에 감전이 된 나도 미더운 사람 같은 나무에게 바싹 다가선다. 백화송을 스쳐 흐르던 바람이 가슴 안으로 흐른다. 내 몸도 현이 되어 소리 없이 떨린다.
>
> 가끔은 백화송 곁에서 꿈꾸는 배롱나무가 되고 싶다.
>
> -「바람의 현」 일부

나뭇가지가 "바람의 현"이란다. 나무가 악기의 현처럼 켜진다니. 누가 "마른 나무"를 켜는가. 김정화 수필가다. 그가 켜는 행위는 일상의 논리를 벗어나므로 선禪의 영역에 다다를 정도로 감미롭고 우아하다. 바람과 나무가 연주자와 악기에 대비되는 순간, 모든 것이 전율한다. 몸이 떤다는 것은 생명이 있다는 증언이 아닌가. 이로써 지하 석순이 말하는 "꿈꾸는 이야기"를 듣고 자연석 문학비가 토로하는 "외로움과 적적함"을 공유하게 된다. 무생물도 김정화의 심안에 비치면 언어망에 갇힐 수밖에 없다.

욕망과 낯섦의 미학

김정화의 수필에서는 낯익음과 낯섦이 교차한다. 내용이 형식과 이항대립을 이룬다면 형식의 낯섦은 내용의 낯익음을 강화시킨다. 「혼의 배내옷」 「여」 「얼음재」 「돌편지」 등은 현대수필에서 찾기 어려운 현대성으로 주목받는 작품들이다. 그중에서 「혼의 배내옷」은 자기구원에서 사회구원으로 나아가는 주제만으로도 대표작으로 손색이 없다. "살아가는 것은 옷 입기"라는 인식에서 보면 "인연은 끝나는 것"이 아니라 "더욱 진실해지는 순간"으로 자리 잡는다. 이런 낯선 결언처럼 수필집 『새에게는 길이 없다』는 밝혀지지 않았던 삶의 철리哲理를 곳곳에 숨기고 있다. 단락의 첫 문장이 '가나다라……'로 시작하는 「얼음재」는 색의 진정성을 달리 해석한다. 겨울철의 삭막한 회색이 "고븐 색"이라는 것이다. 얼핏 보면 모순이지만 자세히 뜯어보면 진실인 일련의 언술은 "색깔 고운 옷 한 벌"을 바랐던 작가의 잠재욕망에서 시작한다. 작은 욕망조차 대오리 발簾 같은 언어로 가리는 겸허함이 김정화 수필의 특징이랄까.

> 겨울산에 눈발이라도 내리면 사람도 순백의 고운 나무가 되는 것을.
> 고운 빛, 고운 색깔이란 말에서 문득 젖은 음성 하나 묻어나온다.
> "색깔 고븐 옷 좀 입고 댕기라."
> 아득한 내 어머니 목소리다.
>
> -「얼음재」 일부

"색깔 고븐 옷 좀 입고 댕기라."는 어머니의 부탁은 작가로 성숙한 후에도 마음을 흔든다. 그리고 더 젖은 언어로 추억의 문양을 뜨도록 다독인다. 『혼불』의 작가 최명희 선생이 "손끝으로 벽에 구멍을 뚫어라."고 한 말처럼 "색깔 고븐 옷"은 "색깔 고븐 언어"에 대한 욕망으로 승화되고 있다. 그녀의 작품이 독자의 주목을 받는 원인 중의 하나가 이것이 아닐까 싶다.

「'님'따라기」와 「돌편지」는 작가의 이력을 극명하게 투시한 작품이라고 하겠다. 만남이 있어야 이별이 있지만 만남이 없는 이별도 있을 수 있다. 「'님'따라기」는 그 모순의 미학을 극대화한다. "통곡-통절-통증"이라는 3부로 구성된 이별의 울림은 "김 세 장만으로 김밥"을 싼 아버지의 10년 병환을 지켜보는 화자의 눈망울에서 시작하여 "그렇게 원하던 냉장고와 텔레비전을 산 지 하루 만에" 당한 어머니의 죽음까지 따라온다. 그런 사람에게 다른 이별은 낡은 위조지폐에 불과하다. 그래도 작가는 어깨를 펴면서 "아, '님'은 왔습니다."라고 소리칠 수 있는 "찬란한 봄"을 숨죽여 기 · 다 · 린 · 다. "바위산을 돌아" 돌 벽을 지나 "바위그림 앞에" 다다를 때 비로소 방점을 찍는 「돌편지」는 고대인들이 새긴 "자연의 언약"을 담고 있다.

인간에게 "자연의 언약"은 무엇인가. 문학이라고 말하지 말자, 복잡하니까. 사랑이라고 답하지도 말라, 가벼우니까. 문학과 사랑은 허기로 허기진 자에게는 온기를 피워내지 못하는 "젖은 나무"에 불과하다. 수필과 사랑이 진정 보여주어야 하는 것은 거창한 역사가 아니라 그냥 먹고 자고 아침에 새 소리를 듣는 것이다. "함께" 사는 것이다. 드라마 기법의 「여」가 그 꿈을 낯설면서 친숙하게 펼친다.

서정주의 〈무등을 보며〉를 패러디 한 「여」는 형식에서 낯설다. 하지만 내용은 더없이 낯익다. "새소리와 아이들 웃음이 어울리고/ 굴뚝연기가 넉넉하고/ 지아비가 지어미의 이마를 짚는" 살림살이는 자연이 준 지극히 작은 약속이다. 한데, 현실에서는 그것마저 쉽지 않다. 이모티콘과 문자로 기술한 죽은 자들의 웃고 우는 대화에 귀 기울일수록 복합형식이 숨긴 아픔에 탄식을 금치 못한다. 이러한 연유로 "함께 먹고 자는" 인연의 소중함을 일깨우는 "여"는 우리 모두의 "햇동섬"으로 떠오른다.

비상의 날개와 아우라의 길

김정화가 쳐다보는 하늘에는 늘 "빗금이 그려진다." 그것보다는 빗금이 그어질 때면 하늘을 응시한다. 땅에서 점으로 찍히는 새가 바람을 타며 비상으로 살아나는 이야기는 인간의 출현을 앞선다. 세상에서 처음 날려고 했던 다이달로스 이래로 새의 신화를 숭배해 온 이유는 정을 동으로 전환시키는 원형인 까닭이다. 작가도 "인간은 날지 못하는 새"라고 말하지만 하늘을 지켜보기를 그치지 않는다.

그가 찾는 것은 새가 아니라 날개다. 갈림길에서 안절부절못하는 사람과 달리 새는 길이 없으므로 길을 만들어 낸다. 상승의 방식을 가르쳐주고 자유와 비상의 조화를 일러주므로 김정화의 글에서 새는 선지자로 자리한다. 늦가을 가지산을 청둥오리로 상상하고 단테의 생가를 찾아 심조도尋鳥圖를 응시하고 배는 해풍을 거스르는 물새로 변한다. 나아가 "솟대를 흔드는 무녀"는 새의 율동으로 이미지화한다. 작가가 묘사하는 새들은 이렇듯 "다른 이의 삶을 위해서 자신"을 버리고 원하는 것을 얻기 위해 "열정"을 억누른다. 새끼제비를 위해 좁은 둥지에 들어가지 않고 전깃줄에 앉아 비를 흠뻑 맞고 있는 어미제비를 그려낸 「겨울 소리」는 "부모가 되는 일은 온몸을 적시는 희생"이라는 묵언을 던진다. 그것은 버림의 극점은 어디에 있는가를 묻는다. 마찬가지로 「눈발에 선 나무」는 열정의 진정한 정체는 무엇인가를 일러준다.

창으로 한 걸음 더 다가서서 가만히 눈 겨루기를 해 본다. 넝쿨진 등나무 사이로 햇솜 같이 나부끼는 신비스런 눈발에 잠시 눈멀미가 인다. 순결한 성자의 가부좌를 틀고 앉은 나무의 모습에 더욱 가까이 다가서고 싶다. 떨어지는 눈발이 켜켜이 나붓대도 나무는 잔가지 하나 흔들림 없이 눈발을 맞이한다. 동動과 정靜의 엄숙한 만남에 마음이 찡해진다.

-「눈발에 서는 나무」 일부

세상을 살다 보면 "실패에 발을 동동 구르고 억울함을 분노"로 대들 때가 생긴다. 그럴 때마다 결부좌로 앉은 새의 정靜을 잊을 수 없다. 새가 비상하여 길을 만들기 위해서는 부동의 집중력이 먼저 이루어져야 한다. 작가는 누구보다 이 점을 일찍 깨닫기 때문에 "새가 있음"에 집을 짓고, "하늘을 나는 새가 있어" "책갈피에서 가을 소리를 듣는" 여유를 소망한다. 그리고 "새가 집으로 돌아옴"에 길이 길을 만든다는 것도 알아차린다. 무는 변증법적으로 보면 유의 출발이 아닌가.

결국 김정화의 수필에서 새는 비상의 원형일 수밖에 없다. 새를 만나는 일이 "글을 쓰는 것만큼 행복한" 이유도 "가진 것 없이 가벼운" 새가 "인간이 흉내 낼 수 없는 성스러운" 용기를 가지기 때문이다. 더군다나 김정화의 글이 농부의 농사와 같은 치열성을 지니는 것도 하늘과 땅을 일치시키는 자연론에서 근거를 둔다. "글 잎이 흔들리는 소리"가 들리는 "조그만 방"과 어린 시절에 지켜본 "청둥오리가 화려한 군무로 귀향하는" 하늘은 그녀에게는 양보할 수 없는 토포필리아로 매김된다.

> 글을 쓰는 것은 무엇일까. 아마 사람의 가슴을 흔드는 일일 것이다. 울림으로써 영혼과 소통하는 일은 아닐까. 흐르는 물이 모난 돌을 깎아내듯 혼으로 쓴 글 줄기는 석상 같은 마음마저 흔들 수 있지 않은가.
>
> -「그럽게 다가서는」 일부

촛불 탁자 앞에서 "코를 박고 책을 읽던" 작가는 지금 글감이 생길 때마다 "씨 봉지 같은 수첩"에 적어둔다. "언젠가는 언어의 물살"이 되어 자신과 독자를 흔들 것이라는 기대 때문이다. 물론 희망이라는 단어는 아직도 판도라의 상자 속에 갇혀 있다. 신화의 허구를 기억하는 우리는 "나무에 북"을 매달아도 "시대의 디아스포라"에서 벗어날 수 없음을 잘 안다. 그런데도 김정화는 "도중하차"하지 않고 "뫼비우스의 길"을 걸어오고 있다.

김정화의 글에서는 종종 눈물 냄새가 난다. 하지만 읽어갈수록 "찰찰 차오르는 생명의 소리"가 들리고 "밤새도록 터뜨리는 꽃망울"의 진동도 느껴진다. 그 청음과 청향은 절망을 극복한 정신만이 발산하고 포착할 터. 이래서 우리의 "마음 한켠"을 두드리는 그녀는 비상하면 길이 만들어진다고 속삭인다. 자신의 몸을 때려 어둠을 물리치는 산사의 종 같은 혼의 울림통. 그것이 김정화 수필의 본성이라 하겠다.

다시 비상을 위하여

작가라면 누구나 "자기만의 방"을 갖고 싶어 한다. 아파트라는 거주공간이든, 문학이나 종교이든, 아니면 이상세계이든 상관이 없다. 자기만의 방에 들어가 마음의 "길닦이"에 열중할 수 있는 공간이라면 더 이상 바랄 게 없다.

그러나 진정 문학을 통하여 공유하고 싶은 방은 "실패의 힘"에 눌리지 않고 "비飛"를 꿈꿀 수 있는 세계다. 김정화의 수필공간은 "새에게는 길이 없다"는 고정관념을 "새에게는 모든 곳이 길"이라는 가능성의 담론으로 바꾼다. "바다에는 길이 있어" "떠날 수 없는 배"가 떠나고 "눈발에 서는 나무"가 "바람의 현"으로 소생하는 것도 영혼을 비추는 우물인 덕분이다. 무엇보다 "글 무덤 속에 들어가 온몸을 삭아"내리는 작가이므로 『새에게는 길이 없다』에서 눈물 냄새가 나는 것이다.

작가는 "새로운 인간"이다. 낡은 제도의 옷을 벗고 문학이라는 새 옷을 입는 자아이기도 하다. 김정화는 그 작가적 정체성에 누구보다 충실하므로 "펭귄도 하늘을 날 수 있다"는 말에 진실의 울림을 담아낸다. 하늘을 나는 새도 비상의 빗금긋기를 중단하지 않는다. 그의 작품이 "비飛의 언어"로 펼쳐진 연유가 여기에 있다.